Felicitas van Daalen
Tanja Neumann

# Texel

Kulinarik | Menschen | Geschichten

360° medien

**IMPRESSUM**
Texel – Kulinarik | Menschen | Geschichten
Felicitas van Daalen, Tanja Neumann





**Redaktion und Lektorat:** Andreas Walter

**Satz und Layout:** Elke Gräfe

**Gedruckt und gebunden:**
Schleunungdruck GmbH I Eltertstraße 27 I 97828 Marktheidenfeld
schleunung.com

**Bildnachweis:** siehe Seite 256
**Sicherheitshinweis:** siehe Seite 256

**ISBN:** 978-3-96855-503-4

Hergestellt in Deutschland

**360grad-medien.de**

Felicitas van Daalen
Tanja Neumann

# Texel

Kulinarik | Menschen | Geschichten

360° medien

Vorwort

# *Liebe Leserinnen und Leser,*

als wir zum ersten Mal den Fuß auf Texel gesetzt haben, ahnten wir nicht, welche Fülle an Genüssen uns auf dieser schönen Insel erwarten würde. Mit jedem weiteren Besuch, jedem Gespräch mit den Menschen vor Ort und jeder weiteren Entdeckung einer kulinarischen Besonderheit wuchs unsere Begeisterung und damit auch die Idee für dieses Buch.

Denn Texel ist wahrhaft ein Paradies für Genießer. Auf vergleichsweise kleinem Raum gibt es hier eine erstaunliche Vielfalt an regionalen Spezialitäten. Vom zarten Lammfleisch bis zu frischen Austern, von international prämierten Käsesorten bis zum exquisiten Wattenwein – die Kombination aus puren, natürlichen Zutaten und echtem Handwerk bietet Geschmackserlebnisse, die immer wieder überraschen. Die Menschen hier sind stolz auf ihre Produkte und bereiten sie mit Hingabe und Liebe zu. Diese Begeisterung und Leidenschaft hat uns inspiriert und ist der rote Faden, der durch dieses Buch führt.

ReiseGenuss Texel nimmt Sie mit auf eine Rundreise über die Insel - beginnend am Fährhafen im Süden und von dort aus im Uhrzeigersinn einmal durch alle sieben Orte. Dabei lernen Sie nicht nur die kulinarischen Hotspots kennen, sondern auch die Menschen dahinter. Wir haben für Sie mit Starköchen gesprochen, Produzenten besucht und ihre Geheimtipps erfahren. Wir sind durch gemütliche Orte flaniert, haben kulinarische Unterkünfte erkundet, Strandcafés und den besonderen Genuss am Meer entdeckt. Und jetzt sind Sie an der Reihe!

Nutzen Sie diesen kulinarischen Reiseführer, um Texel einmal ganz anders zu entdecken – mit dem Fahrrad oder zu Fuß zu besonderen Genuss-Orten am Meer, in der grünen Natur oder in malerischen Orten. Wir versprechen Ihnen: Das wird ein ebenso eindrucksvolles wie unvergessliches Erlebnis! Darum ist dieses Buch perfekt – auch als Geschenk – für alle, die Texel lieben, gutes Essen schätzen und die Insel auf eine überraschende Art und Weise kennenlernen möchten.

Herzlich willkommen zu Ihrer ganz persönlichen GenussReise auf Texel!

Ihre
*Tanja Neumann & Felicitas van Daalen*

PS. Wenn Sie weitere Entdeckungen haben, freuen wir uns sehr über Ihre Mail an texel-reisegenuss@360grad-medien.de

TEXEL
De Cocksdorp
Texel International Airport
De Koog
Nationaal Park Duinen van Texel
Waalenburg
Oosterend
De Waal
DE DENNEN
Den Burg
Oudeschild
Den Hoorn

# Inhaltsverzeichnis


## Der Süden ..... 10

Übersichtskarte ..... 12

Den Hoorn: Heimat von Kunst & Kultur ..... 14

Der Stern von Texel: Vom Kindheitstraum zur Michelin-Auszeichnung ..... 18

Nadines & Jefs Lieblingsort auf Texel: Naturgebiet De Bollekamer ..... 22

Paal 9: René Jagers kulinarische Vision am Strand von Texel ..... 24

Meister der Destille: Per Crowdfunding zum echten Texeler Whisky ..... 26

Joschas Lieblingsort auf Texel: Waldgebiet „De Dennen“ ..... 30

Joschas Verzehr-Tipp: Texel-Whisky richtig genießen ..... 30

Kunterbunter Genuss: Weil selbstgemacht am besten schmeckt ..... 32

Lecker Bio: So schmeckt fairer Umgang mit Natur und Mensch ..... 34

Slagerij Goënga: Pure Leidenschaft fürs Lamm ..... 36

## In der Mitte ..... 38

Übersichtskarte ..... 40

Den Burg: Das „Herz“ von Texel ..... 42

Die neuen Meister des Geschmacks: Wie zwei junge Käsemacher eine Inseltradition bewahren ..... 46

Jobs Lieblingsort auf Texel: Das Naturgebiet De Slufter ..... 50

Schapenmuseum Texel: Ein Museum für Texels größten Star ..... 52

Skéép en Lantskap: Wandern auf den Spuren der Schafe ..... 54

Weingut De Kroon van Texel: Der Wattenwinzer und sein flacher Weinberg ..... 56

Ein Leben mit den Schafen: Von Herzblut und Heimatliebe ..... 58

Fair und lecker: Wurst vom Schaf ..... 62

Jan-Willems Lieblingsort auf Texel: Das Land von Den Hoorn ..... 63

Knapzaktocht: Ein Rucksack voller Leckereien ..... 64

Lämmerradroute: Zu Besuch beim Schafnachwuchs ..... 66

Texelse Branding: Kaffee und Café mit Charakter ..... 68

Inselflair im Glas: Die Texeler Senfmacher ..... 70

Rezepte: Drei Rezeptideen mit Texelsenf ..... 72

Tesselaar: Hier ist Bier Familiensache ..... 74

Texelse Chocolaterie: Ein Traum aus Schokolade ..... 76

De Waal – Klein aber fein ....78

Pastorie De Waal: (Koch-)Paradies in historischen Mauern ....80

Rezept: „Dicker Spekulatius“ ....84

## Im Westen ....86

Übersichtskarte ....88

De Koog – Direkt an Strand und Meer ....90

Willkommen in der Dorpsstraat! ....94

Texel Culinair: Schlemmer-Streifzug durch die Insel-Küchen .... 100

Rezept: Piri Piri - das „schärfste“ portugiesische Hähnchen auf Texel .... 102

## Im Norden .... 104

Übersichtskarte .... 106

De Cocksdorp – Treffpunkt von Nord- und Wattenmeer .... 108

Exportschlager aus Eierland: Pflanzkartoffeln für alle Welt .... 112

Arnolds Lieblingsort auf Texel: Eierland: Von der Insel zum Polder .... 116

Texels Gin: Von der Kartoffelscheune in die Karibik - und zurück .... 118

Feinkost zum Selbersammeln: Auf Exkursion mit dem Texeler Austernmann.... 120

Eiszeit auf Texel: Laboras süße Verführung direkt vom Bauernhof.... 124

*1*
*Herr der Whisky-Fässer, Seite 26*
*2*
*Käsemeister aus Leidenschaft, Seite 46*

## Im Osten ........ 126

Übersichtskarte ........ 128

Oosterend – Die Insel-Schönheit ........ 130

Im Zeichen der Auster: Kulinarischer Genuss am Texeler Wattendeich ........ 134

Spezielles Spezialbier: Aus Freude am Besonderen ........ 136

Wild und wunderbar: Gaumenfreuden im Garten von Texels Natuur Goed ........ 138

Rezept: Löwenzahn-Marmelade ........ 140

Wettkampf am Räucherofen: Von Tradition, Handwerk und Genuss ........ 142

Oudeschild: Der Hafen von Texel ........ 144

Erdbeerrot und Himbeerduft: Ein fruchtiges Erlebnis für Klein und Groß ........ 148

Jaccos Lieblingsort auf Texel: Naturgebiet De Hors ........ 152

Krabbenfischen: Eine besondere Entdeckungstour auf dem Wattenmeer ... 154

Von Schaumkronen und Sonnenaufgängen: Geschmackserlebnis in der Texelse Bierbrouwerij ........ 158

Fangfrischer Fisch: Vom Meer direkt auf den Teller oder in die Hand ........ 160

Beach Food Festival: Strand-Picknick am Wattenhafen ........ 162

## Aktive Kulinarik ........ 164

Echt Texels Produkt: Die kulinarische Radroute ........ 166

Biertour: Streifzug durch Texels Brauereien ........ 168

Meeresgemüse & Co.: Das Geheimnis salztoleranter Pflanzen ........ 170

Selbstgemacht: Käse-Workshop mit der Bäuerin ........ 171

## Strandpavillons ........ 172

Übersichtskarte ........ 174

Texels Strand: Genussvolle Auszeit am „Paal“ ........ 176

## Kulinarische Unterkünfte ........ 184

Übersichtskarte ........ 186

Kulinarische Unterkünfte ........ 188

## Für den kleinen Hunger ........ 194

Übersichtskarte ........ 196

Snack it! Für den kleinen Genuss zwischendurch ........ 198

Frühstückstipps: Genussvoller Start in den Texel-Tag ........ 204

## Das Texelschaf ........ 206

Ein Ort zum Verlieben: Lämmerkuscheln auf der Schapenboerderij Texel ........ 208

**Woolness:**
Ein Wollbad mit Inselbrauch ........ 210

**Zwischen Grün und Weiß:**
Texels Lämmerradar enthüllt
das Frühlingsschauspiel ........ 212

**Wollige Einkaufstipps:**
Aufs Schaf gekommen ........ 214

## Museen ........ 216

**Übersichtskarte** ........ 218

**Museum Kaap Skil:** Zeitfenster in
Texels maritime Vergangenheit ........ 220

**Juttersmuseum Flora:** Das größte
Strandgutmuseum der Welt ........ 222

**Ecomare:** Auf Tuchfühlung mit
Seehunden und Walen ........ 224

**Leuchtfeuer mit Geschichte:**
Zwei Türme in einem ........ 226

**Luftfahrt- & Kriegsmuseum:**
Texels Rolle im Zweiten Weltkrieg ........ 228

## Dies & Das ........ 230

**Allgemeine Reisetipps:**
Anreise & Transport vor Ort ........ 232

**@texel App:**
Urlaub mit Spar-Potenzial ........ 236

**Top 10:** Was Sie über Texel
NICHT wissen müssen ........ 238

**Events und Veranstaltungen:**
Der Texel-Jahreskalender ........ 242

**Stichwortverzeichnisse** ........ 246

**Bildnachweis** ........ 256

*1*
*Austern selber sammeln, Seite 120*

*2*
*Krabbenfischer zum Mitfahren, Seite 154*

# Der Süden

*1*
*Kirche in Den Hoorn*

# Der Süden


1 **Bij Jef Restaurant & Hotel,** Seite 18
2 **Naturgebiet De Bollekamer,** Seite 22
3 **Paal 9,** Seite 24
4 **Distilleerderij De Lepelaar,** Seite 26
5 **Aussichtsturm Fonteinsnol,** Seite 30
6 **Landgoed De Bonte Belevenis,** Seite 32
7 **Novalishoeve,** Seite 34
8 **Supermarkt & Slagerij Goënga,** Seite 36

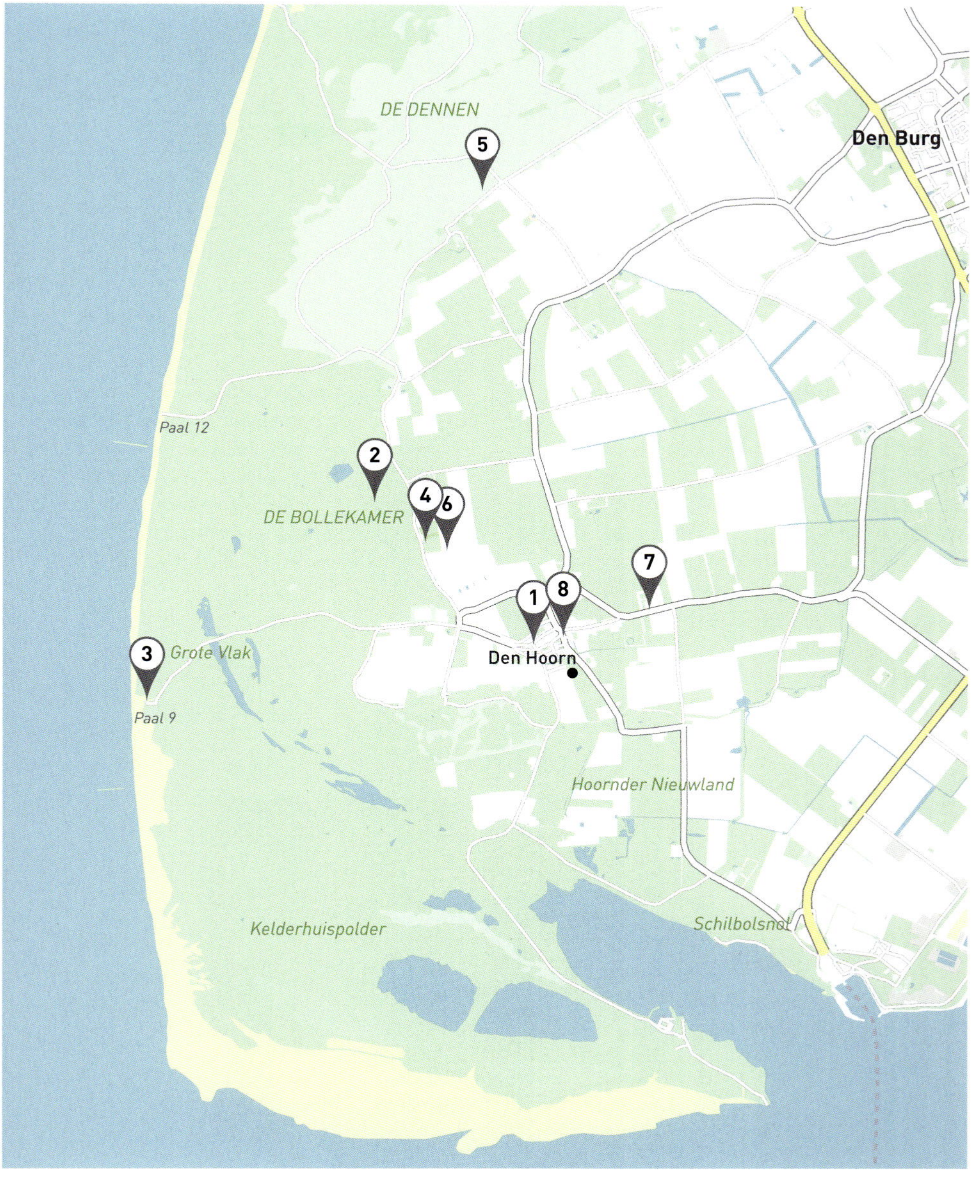
DE DENNEN
5
Den Burg
Paal 12
2
4
6
DE BOLLEKAMER
7
1
8
3
Grote Vlak
Den Hoorn
Paal 9
Hoornder Nieuwland
Kelderhuispolder
Schilbolsnol

# Den Hoorn: Heimat von Kunst & Kultur

*Bei guter Sicht ist der weiße Kirchturm von Den Hoorn schon vom Festland aus zu erkennen. Früher waren in diesem südlichsten Dorf von Texel vor allem Lotsen und Walfänger zu Hause.*

Heute wohnen hinter den malerischen Fassaden historischer Häuser eine Vielzahl von Künstlern. Kein Wunder also, dass man in den gemütlichen kleinen Straßen von Den Hoorn auch zahlreiche Galerien findet, deren Ausstellungen von den „alten Texeler Meistern“ bis hin zu moderner Kunst reichen.

So ist Den Hoorn auch die perfekte Kulisse für diverse kulturelle Veranstaltungen, die hier in regelmäßigem Rhythmus stattfinden. Wie zum Beispiel die Kunstroute „Klifhanger“, die in und rund um Den Hoorn mit kreativen Installationen begeistert, oder das Theaterfestival „Broadway“, das in den Wohnzimmern der Dorfbewohner gastiert. Nicht zuletzt ist hier auch das Theater-Restaurant De Toegift beheimatet: Sein abwechslungsreiches Programm hält für jeden Geschmack etwas in petto.

2

3

*1*
*Walfängerhaus - kleinstes Museum Texels*

*2*
*„Witte kerkje"*

*3*
*Bunker aus dem 2. Weltkrieg*

## Touristische Highlights

### Walfängerhaus

Zu Beginn des 18. Jahrhunderts bescherte der Walfang Texeler Seefahrern wie Klaas Jacobsz Daalder großen Reichtum. Davon zeugt noch heute die prächtige Inneneinrichtung seines Hauses, die nahezu vollständig bewahrt geblieben ist. Das Besondere: Trotz seiner enormen Historie dient das Baudenkmal nach wie vor als Wohnhaus. Dennoch gibt es regelmäßige Öffnungszeiten für Besucher.

**„Walvisvaarders Huisje"**
Herenstraat 49, 1797 AG Den Hoorn,
**walvisvaardershuisjetexel.nl**

### Kirche „Witte kerkje"

Die Kirche mit ihrem charakteristischen weißen Turm ist eines der beliebtesten Fotomotive der Insel. Früher befand sie sich im ehemaligen Zentrum von Den Hoorn. Mit der Zeit wurden die umliegenden Häuser jedoch verlassen und verfielen. Statt sie wieder aufzubauen, entstand südlich der Kirche das neue Dorfzentrum. Damit steht das „Witte kerkje" nun weithin sichtbar inmitten wunderschöner Landschaft.

**Kirche „Witte kerkje"**, Kerkstraat 5,
1797 AD Den Hoorn

### Bunker

Im Zweiten Weltkrieg wurden auf Texel über 500 Bunker errichtet, die Teil des berühmten Atlantikwalls waren. Am Witteweg kann man den Kommandoposten Batterie Den Hoorn besichtigen. Von hieraus bietet sich ein herrlicher Ausblick nach Den Hoorn, über die umringende Dünenlandschaft bis zum Festland und weit hinaus auf die Nordsee.

Nähe Kreuzung Witteweg/Hoornderslag,
1797 RR Den Hoorn.

## Gastrotipps

### Bij Jef

Im Herzen von Den Hoorn zaubert Chefkoch Jef Schuur Abend für Abend kulinarische Meisterklasse auf den Teller. Bereits seit 2008 führt Bij Jef ohne Unterbrechung einen Michelin-Stern und ist damit der Feinschmecker-Treffpunkt von Texel.

Herenstraat 34, 1797 AJ Den Hoorn,
bijjef.nl

### Klif 23

Das Highlight der Speisekarte: rund 125 verschiedene Pfannkuchen! Alle Zutaten dieser beliebten Mehlspeise stammen von lokalen Produzenten. Aber auch für Fisch und leckere Fleischgerichte mit Texeler Lamm ist man hier an der richtigen Adresse.

Klif 23, 1797 AK Den Hoorn,
klif23.nl

### De Toegift

Hier ist der Name Programm: Neben seinem Theater bietet De Toegift als „Zugabe" auch ein Restaurant, in dem man in gemütlicher Atmosphäre das Leben genießen kann. Sei es in Form von Mittagessen, Kaffee und Kuchen oder Abendessen.

Klif 12, 1797 AL Den Hoorn,
detoegift.com/restaurant

### De Bank

Das Geheimrezept von De Bank: Gemütliche Stühle, aus denen man nie wieder aufstehen möchte. Doch auch die Speisekarte lädt zum längeren Verweilen ein. Ihr Konzept: ehrliche Gemüse-, Fisch- und Fleischgerichte mit dem gewissen Texel-Extra.

De Naal 2, 1797 AC Den Hoorn,
debanktexel.nl

### Restaurant Bosq

Nicht umsonst eine Michelin-Empfehlung: In idyllischer Lage am Waldgebiet De Dennen bietet Bosq eine Anlaufstelle für besondere kulinarische Genüsse. Mediterrane Küche wird hier raffiniert mit lokalen Produkten kombiniert.

Bakkenweg 16, 1797 RJ Den Hoorn,
www.bosq.nl

*1*
*Frischer Fisch und Meeresfrüchte aus der Nordsee gehören fest auf die Speisekarten der Insel.*

# Der Stern von Texel: Vom Kindheitstraum zur Michelin-Auszeichnung

*Ruhe, Weitläufigkeit, Freiheit. Es ist dieses ganz bestimmte Gefühl, das Texel in Menschen auszulösen weiß und das auch Nadine und Jef bis in die Tiefen ihres Seins gepackt hat.*

Beide verließen die Insel, um ihre gastronomische Ausbildung an renommierten Adressen zu absolvieren. Doch egal wie erfolgreich und spannend dieses Leben war – stets blieb da diese unterschwellige Sehnsucht. „Es ist wie ein Sog, der einen immer wieder zurückzieht", versucht Jef es in Worte zu fassen.

Zum Glück mag man im Rückblick sagen. Denn genau so fand er zu dem Ort, an dem er sich seinen Kindheitstraum erfüllte: Küchenchef im eigenen Restaurant zu sein. Bereits im Alter von 25 Jahren startete er mit „Bij Jef" – zunächst in Den Burg – und bot als erster auf der Insel gehobene Küche an.

Der Erfolg ließ nicht lange auf sich warten. Im Jahr 2000 bot sich schließlich die Gelegenheit, in Den Hoorn eine alte Dorfkneipe mit angeschlossener Pension zu kaufen. Der Rest ist Geschichte.

„Ein Michelin-Stern war nie das Ziel", versichert Jef überzeugend. Denn vielmehr ging es ihm und seiner Frau Nadine darum, das zu leben, was sie lieben. Und das ist ihre Heimat Texel sowie die Gastronomie. Kein Wunder also, dass „Bij Jef" selbst wie ein Stück Texel wirkt. In den Räumen des Hotel-Restaurants herrscht eine tiefe Ruhe, dank großzügiger Flächen und modern-reduzierter Einrichtung bekommt man ein Gefühl von Raum und Weite. Wie eine Insel auf der Insel…

Und auch auf den Tellern ist Texel der Star. Hier dreht sich alles um lokale Zutaten wie Fisch, Krustentiere, Muscheln und Lamm. Nicht zu vergessen das Gemüse, das aus dem rund 5000 Quadratmeter großen hauseigenen Garten stammt und tagesfrisch geerntet wird. „Es gibt auf Texel so viele besondere und hochwertige Köstlichkeiten, dass wir daraus mühelos das ganze Jahr lang jeden Tag ein neues Menü zaubern können", schwärmt Jef mit Begeisterung.

Ihre gemeinsame Leidenschaft, Texel geschmacklich erlebbar zu machen, brachte Jef und Nadine 2008 schließlich den Michelin-Stern ein. Seitdem führt „Bij Jef" diese hochrangige Auszeichnung ohne auch nur eine einzige Unterbrechung.

*1*
*Das Power-Duo von „Bij Jef“: Nadine Mögling und Jef Schuur*

Und auch Gault & Millau belohnt Jefs Küche durchgängig mit Spitzennoten. Dies ist nicht zuletzt auch der exquisiten Weinbegleitung zu verdanken, mit der Nadine die kulinarischen Kreationen in ihren Feinheiten passgenau zum Strahlen bringt.

## *„Ein Michelin-Stern war nie das Ziel"*

*Jef Schuur*

„Wein war schon immer meine Passion. Dabei schlägt mein Herz vor allem für Winzer, die ein bisschen eigensinnig sind", erklärt Nadine mit einem Augenzwinkern. Mit diesem Sinn fürs Ungewöhnliche begeistert sie nicht nur ihre Restaurantgäste, sondern sorgt auch in Fachkreisen für Aufsehen. So krönte sie die Jury des Michelin Awards zur „Sommelière des Jahres 2023", nachdem sie erst ein Jahr zuvor von Gault & Millau den Titel „Gastgeberin des Jahres" verliehen bekam.

Ob sie ihre Erfolge stolz machen? Natürlich. Aber statt abzuheben, setzt das Power-Duo sich dafür ein, die Insel zu stärken. „Wir verstehen uns als Teil einer Gemeinschaft, für deren Erhalt wir Verantwortung tragen. Denn nur gemeinsam sind wir stark", erklärt Nadine ihre Philosophie. „Darum erzählen wir unseren Gästen, wie viel Liebe, Sorgfalt und Handwerk hinter einem Stück Lammfleisch steckt. Oder machen sie mit Fischsorten vertraut, die weniger von Überfischung bedroht sind".

Sie geben der Insel zurück, was sie von ihr erhalten, indem sie ihre Begeisterung mit anderen teilen. „Und das ist wirklich ganz einfach, weil es hier so unendlich viel Schönes gibt", fasst Jef zusammen.

### Jefs kulinarischer Tipp

## Strandschnecken vom Deich

„Als ich noch ein kleiner Junge war, ging mein Stiefvater mit mir zum Deich, um kleine Strandschnecken zu sammeln. Zuhause haben wir sie dann saubergespült und gekocht. Beim Kochen hat er immer viel Pfeffer verwendet. Der Geschmack von Strandschnecken und Pfeffer gehört für mich darum unbedingt zusammen. Einfach herrlich!"

*1*
*In den Räumen des Hotel-Restaurants herrscht ein Gefühl von Ruhe und Weite vor.*

*2*
*Saisonales Gemüse bestimmt das Tages-menu*

**Bij Jef Restaurant & Hotel**
Nadine Mögling & Jef Schuur
Herenstraat 34,
1797 AJ Den Hoorn
www.bijjef.nl

Nadines & Jefs Lieblingsort auf Texel

# Naturgebiet De Bollekamer

Im südlichen Teil des Nationalparks „Duinen van Texel“ liegt das Naturgebiet De Bollekamer. Hier breitet sich vor dem Auge der Besucher eines der ältesten Dünengebiete der Insel aus, das von einem sanften Auf und Ab geprägt ist. Die charakteristischen breiten Dünentäler sind großflächig mit Heidepflanzen bewachsen, die der Landschaft im Jahresverlauf immer wieder einen anderen farblichen Ausdruck verleihen. Außerdem finden hier Pflanzen wie der Lungen-Enzian beste Voraussetzungen, um zu gedeihen. Mit seiner tiefblauen Farbe setzt er im Spätsommer starke Akzente inmitten des Heidemeeres.

Vor mehr als 300 Jahren lag De Bollekamer direkt am Meer und bot Fischern und Bauern eine Heimat. Im Laufe der Zeit verschob sich die Küstenlinie immer mehr in die heutige Richtung. In diesem Zuge stieg der Grundwasserspiegel an, so dass man insbesondere im östlichen Teil des Naturgebietes auch feuchte Dünengebiete findet.

Tipp: Am besten kann man die besondere Ruhe, die in diesem Stück Natur vorherrscht, auf der angelegten Wanderroute genießen. Sie führt auf einer Länge von drei Kilometern durch das Naturgebiet und ist mit blauen Pfählen gekennzeichnet. Unterwegs kann man auf Black Angus Rinder treffen, die hier in freier Wildbahn leben.

**Naturgebiet De Bollekamer**
Startpunkt Wanderung ab Paal 9 oder Paal 12

*1*
*Ruhe und Weite prägen die „Bollekamer“*

*2*
*Das prächtige Farbenspiel der Heide*

Paal 9

# René Jagers kulinarische Vision am Strand von Texel

Im Süden von Texel, wo die Brandung des Meeres die Surfer anzieht, liegt Paal 9. Als René Jager auf einer Bootstour mit seiner Frau entdeckte, dass das Strandhaus zu vermieten war, beschloss er, seinen Job auf dem Festland zu kündigen und sich als leidenschaftlicher Surfer mit einem Restaurant am Strand einen Traum zu erfüllen. Dabei verfolgt der Gastronom eine klare Vision: Authentizität und Qualität stehen im Mittelpunkt – und das 365 Tage im Jahr.

Vom bewussten Verzicht auf Gas im neu gebauten Pavillon bis hin zur sorgfältigen Auswahl lokaler Zutaten wie Eis von Novalishoeve und Käse von Wezenspyk. Am wichtigsten sind ihm die Rinder. Die Dünen von Texel sind nicht nur ein natürlicher Schutzwall, sondern die Heimat der Aberdeen Angus Rinder, deren Fleisch er in seinem Paal 9 anbietet. In dem einzigartigen Biotop, das den Paal 9 umgibt, leben die Rinder in der salzigen Nordseeluft und haben eine reiche Auswahl an Gräsern und Kräutern. Die Aberdeen Angus Rinder werden von Heiko und Ilona Feenstra professionell betreut. Das Ehepaar hat sich auf die extensive Beweidung und Pflege von Naturschutzgebieten mit Nutztieren spezialisiert. René Jager wählt diese Rinder nicht nur wegen ihres Geschmacks aus, sondern wegen ihres Beitrags zur Ökologie der Dünen. Ihr Weidegang unterstützt die Landschaftspflege und fördert die Artenvielfalt, was jedem Bissen Fleisch eine tiefere Bedeutung verleiht. Das „Steak der Woche“ bietet den Gästen die Möglichkeit, die Vielfalt und Qualität des Rindfleisches direkt von den Texeler Weiden zu genießen.

**Paal 9**
René Jager
Hoornderslag 8
1797 RT Den Hoorn
paal9.nl

*1*
*René Jager von Paal 9*

*2*
*Aberdeen Angus Rinder in Texeler Dünenlandschaft*

# Meister der Destille: Per Crowdfunding zum echten Texeler Whisky

*Urlaube bescheren häufig schöne Erinnerungen, an die man sein Leben lang zurückdenkt. Bei Joscha war es vielmehr eine Form von Offenbarung.*

Während eines Ferienaufenthalts auf Texel in späten Teenagerjahren entdeckte Joscha die Whiskybar Het Kompas in Den Hoorn. Und mit ihr eine beeindruckende Sammlung von rund 2400 schottischen Single Malt Whiskys. Vom ersten Moment an schlug ihn diese Welt herber Aromen und individueller Geschmacksnuancen in ihren Bann.

Viele Jahre später spülte es ihn erneut auf Texel an. In der Zwischenzeit hatte er von der Pieke auf das Bierbrauen erlernt, in verschiedenen Brauereien gearbeitet und bereits seine eigenen Spezialbier-Rezepte entwickelt. „Ein ehemaliger Kollege sollte der Texeler Bierbrauerei neues Leben einhauchen und bat mich um Hilfe. Meine Partnerin Inge und ich haben nicht lange überlegt: Wir brachen unsere Zelte ab und zogen nach Texel – auf in ein neues Abenteuer", erinnert sich Joscha gerne. Und das ließ nicht lange auf sich warten. Nachdem der Job in der Brauerei ein Ende nahm, entschied sich das Paar, einen lang gehegten Traum zu realisieren. Kurzerhand eröffneten sie in einer Scheune in Den Burg ein Handwerkszentrum, in dem Besucher Brot backen, Kerzen ziehen und Seife machen konnten. Neben einer Anlage zum Bierbrauen zog auch schnell ein kleiner Destillierkessel ein, der für das Brennen von Jenever verwendet wurde.

## Texeler Traum: Wie aus Bierleidenschaft Whiskyliebe wurde

„Die Kapazitäten reichten bei Weitem nicht aus, um an eine Whiskyproduktion zu denken. Aber ich begann damit, Rezepte zu schreiben und viele kleine Proben anzusetzen", beschreibt Joscha die Geburtsstunde des ersten Texeler Whiskys. Rund 40 verschiedene Variationen aus Getreide- und Hefesorten waren das Ergebnis. Die für Whisky übliche Lagerung in Holzfässern simulierte er mit Holzschnitzeln von alten und neuen Whiskyfässern.

*1*
*Joschas Weg zum Whisky: Eine persönliche Entdeckungsgeschichte auf Texel*

Das Handwerkszentrum platzte mittlerweile aus allen Nähten und fand außerhalb von Den Hoorn eine neue Heimat. Hier wagte Joscha nun auch, seinen Traum vom Whisky endlich größer zu denken. Gemeinsam mit Willem Ham, dem Eigentümer der Whiskybar, verkostete er seine Whiskyansätze und trennte die Spreu vom Weizen. Es folgte ein Test der „Best 5“ mit einer Handvoll Fachjournalisten, die sich von Joschas Whisky-Rezepten begeistert zeigten.

„Wir bekamen auf einen Schlag so viel Aufmerksamkeit, dass wir direkt mit dem Verkauf hätten starten können. Dafür fehlten jedoch nicht nur die Mengen, sondern auch

*1*
*Per Crowdfunding legte Joscha die Basis für die heutige Produktvielfalt seiner Destillerie*

die Mittel, um mit einer größer angelegten Produktion starten zu können", erklärt Joscha das Dilemma.

Doch auch für diese Herausforderung fand der passionierte Tüftler schnell eine clevere Lösung. Er setzte kurzerhand eine Crowdfunding-Aktion auf und vergab Anteile an seinem Whisky. Anfang 2014 wurden die ersten drei Fässer gefüllt, 2017 erhielten die Aktionäre den ersten originalen Texeler Whisky als „Auszahlung".

Es folgten weitere Crowdfundingrunden, um der Destillerie zum Wachstum zu verhelfen. Und – typisch Joscha – weitere Experimente. „Ich verwende am liebsten Zutaten, die von der Insel stammen. Da es hier keinen Torf gibt, der traditionell als Brennstoff für das Trocknen des Getreides verwendet wird, habe ich es mit Seetang probiert." Das Ergebnis: der „Single Smoked Seaweed" mit einem überraschend sanften Geschmack und beeindruckender „Meernote".

Mittlerweile hat er übrigens doch eine lokale Quelle für Torf aufgetan: Er stammt vom Grund des Wattenmeeres und landet als Beifang im Netz der Krabbenfischer. Welche Ideen Joscha sonst noch in petto hat? Darauf erhält man als Antwort nur ein schelmisches Grinsen …

2
*Meer als Muse: Joschas Texeler Whisky „Single Smoked Seaweed“ vereint maritimen Geschmack mit rauchiger Note.*

**Distilleerderij De Lepelaar**
Landgoed De Bonte Belevenis
Rommelpot 11, 1797 RN Den Hoorn
www.landgoeddebontebelevenis.nl

Joschas Lieblingsort auf Texel

# Waldgebiet „De Dennen“

Südlich von De Koog erstreckt sich über mehrere Kilometer hinweg ein herrliches Waldgebiet, in dem es sich wunderbar wandern, radfahren oder auch reiten lässt. Sein Name „De Dennen“ („die Tannen“) verweist auf die künstliche Anpflanzung eines Nadelwaldes, die hier gegen Ende des 19. Jahrhunderts zum Zwecke der Holzproduktion stattfand. Karge Dünen wurden so Stück für Stück in einen Wald verwandelt. Neben Kiefern gibt es hier heutzutage auch die verschiedensten Laubbäume.

Mit einem wunderbaren Blick über die wogenden Baumwipfel wird man belohnt, wenn man die Treppen des Holzturms am Aussichtspunkt Fonteinsnol erklimmt. In unmittelbarer Nähe befindet sich ein idyllischer Waldspielplatz. Zudem führt hier nicht nur ein normaler Radweg, sondern auch die acht Kilometer lange MTB-Route entlang. Mit vielen kurzen und scharfen Kurven bietet sie auch geübten Fahrern viele technische Herausforderungen.

**Aussichtsturm Fonteinsnol**
Rozendijk 35, 1791 PD Den Burg

Joschas Verzehr-Tipp

## Texel-Whisky richtig genießen

Auf die Frage nach seinem Lieblings-Whisky antwortet Joscha mit einem Grinsen: „Das ist jeden Tag ein anderer. Ganz abhängig vom Wetter und meiner Stimmung.“ Doch grundsätzlich empfiehlt sich seiner Meinung nach die rauchige Note des Single Smoked Malt Whiskys eher für die kühlen Tage des Jahres. Besonders gut schmeckt dazu geräucherter Schinken oder geräucherter Fisch. Bei wärmeren Temperaturen sind eher der Single Grain oder der Single Malt Whisky die richtige Wahl. Die perfekte Begleitung dazu: dunkle Schokolade!

*1*
*Der Zugangsweg zum Aussichtspunkt Kampeersnol,*
*der auf der Höhe von Paal 15 einen wundervollen Blick über Wald und Dünenlandschaft bietet.*

Kunterbunter Genuss

# Weil selbstgemacht am besten schmeckt

Auf dem Landgut „De Bonte Belevenis" ist der Name Programm: Ein wahrlich „buntes Erlebnis" erwartet kleine wie große Besucher auf dem rund 2,5 Hektar großen Gelände. In den Ferien kann man hier Kerzen ziehen, Brötchen backen und Seife machen lernen. Zudem gibt es die Möglichkeit, bei einer Führung einen Blick in die Bierbrauerei und Destillerie zu werfen und die hausgemachten Köstlichkeiten zu probieren. Davor, danach oder zwischendurch lädt der liebevoll gestaltete Garten dazu ein, herumzutoben oder einfach nur entspannt die Seele baumeln zu lassen.

Außerhalb der Besucherzeiten ist das Landgoed De Bonte Belevenis eine vielseitige Manufaktur, die hochwertige kulinarische Produkte erzeugt. Vorzugsweise mit natürlichen Zutaten aus eigenem oder regionalem Anbau, denn Qualität und Geschmack stehen hier im Mittelpunkt. So verleihen Holunderblüten aus eigenem Garten dem Spezialbier „Zomerzon" eine leichte, sommerliche Note oder sorgt selbst angebauter Gagel für den würzigen Abtrunk von „Windkracht 6". In der benachbarten Destillerie werden Cranberrys von der hofeigenen Plantage zu einem frisch-sauren Schnaps und Orangenschalen aus der Eisproduktion vom Bauernhof Novalishoeve in einen fruchtigen Obstbrand verwandelt. Kein Wunder also, dass auch der „De Bonte Belevenis"-Apfelkuchen im Museumcafé von Kaap Skil ein echter Renner ist.

So bunt wie seine Produkte ist übrigens auch das Team von De Bonte Belevenis. Im Rahmen seines integrativen Konzepts bietet der Bauernhof rund 18 Mitarbeitern mit Einschränkungen einen betreuten Arbeitsplatz.

**Landgoed De Bonte Belevenis**
Rommelpot 11,
1797 RN Den Hoorn
landgoeddebontebelevenis.nl

*1*
*‚De Bonte Belevenis' – ein Paradies für kreative Köpfe und Genießer.*

*2*
*Joscha bei einer Brauereiführung*

*3*
*Gemütliche Biergartenatmosphäre: Im liebevoll gestalteten Garten kann man genussvoll entspannen.*

Lecker Bio

# So schmeckt fairer Umgang mit Natur und Mensch

Kurz außerhalb von Den Hoorn befindet sich ein wirklich außergewöhnlicher Ort: der Bauernhof Novalishoeve. Hier folgt man den Leitlinien der biologisch-dynamischen Landwirtschaft, einem harmonischen Miteinander von Mensch und Natur, stets mit Respekt vor dem ursprünglichen Kreislauf des Lebens. Um dies hautnah erleben zu können, stehen für kleine und große Besucher tagsüber alle Türen offen. Sei es, um die Kühe, Schweine und Hühner zu besuchen oder einfach nur gemütlich durch die Gewächshäuser und den großzügig angelegten Garten zu schlendern.

Ein Großteil der biologischen Erzeugnisse wird direkt vor Ort zu geschmackvollen Köstlichkeiten weiterverarbeitet. Und auch daran darf man – nur durch eine Glasscheibe getrennt – teilhaben. Wer dabei Appetit bekommt, kann im hauseigenen Café zur Verkostung schreiten. Leckere belegte Brote, herrliche Torten und verschiedenste Eissorten – man hat die sprichwörtliche Qual der Wahl. Der integrierte Hofladen bietet zudem die Möglichkeit, ein Stück Novalishoeve mit nach Hause zu nehmen. Zur Auswahl stehen saisonales Gemüse, diverse Milchprodukte, verschiedene Sorten Sauerteigbrot, Kräutertees und viele andere Leckereien.

Nicht zuletzt bietet der Novalishoeve als Teil einer anthroposophischen Stiftung rund 25 Menschen, die besondere Unterstützung benötigen, eine geschützte Umgebung zum Leben und Arbeiten. Sie sind in allen Bereichen des Betriebs tätig und bekommen auf diese Weise die Möglichkeit, ihren Weg in ein selbstständiges Leben zu finden. Ein wirklich besonderes Fleckchen Erde!

**Novalishoeve**
Hoornderweg 46,
1797 RA Den Hoorn
novalishoeve.nl

*1*
*Im modernen Hofladen finden Besucher auch ein Café.*

*2*
*Mit gutem Gewissen genießen: Die Produkte des Novalishoeve stehen für fairen Umgang mit Mensch, Tier und Umwelt.*

**Slagerij Goënga**

# Pure Leidenschaft fürs Lamm

Wer nach der besten Adresse für echtes Texeler Lammfleisch fragt, wird unweigerlich den Namen „Slagerij Goënga" zu hören bekommen. Die Metzgerei ist bereits seit 1935 im Herzen von Den Hoorn zu finden und seitdem in Familienhand. Nach traditionellem Handwerk werden hier ausschließlich Lämmer verarbeitet, die auf Texel geboren und aufgewachsen sind. Das Ergebnis ist eine Vielzahl hochwertiger Produkte, die sowohl bei Privatpersonen als auch in der Spitzengastronomie hoch im Kurs stehen. Nicht zuletzt zählt auch das benachbarte Sterne-Restaurant Bij Jef zur festen Kundschaft der Metzgerei.

Rund 3000 Lämmer verarbeitet und verkauft die Slagerij Goënga pro Jahr. Um garantieren zu können, dass es sich um echtes Texeler Lammfleisch handelt, betreibt die Metzgerei ein modernes Nachverfolgungssystem. Mit seiner Hilfe weiß sie jederzeit nicht nur genau, von welchem Schafbauern, sondern sogar von welchem Lamm das Fleisch stammt. Auf diese Weise wird die Herkunft jedes einzelnen Produkts vollkommen transparent. Für die Metzgerei ist dies ein weiterer wichtiger Baustein, den besonderen Wert dieser Spezialität zu unterstreichen. Denn ihre Qualität entsteht vor allem im ehrlichen Umgang mit allen Beteiligten.

Zusammen mit dem Lammfleisch kann man übrigens auch seine weiteren Einkäufe ganz einfach erledigen. Denn seit einigen Jahrzehnten ist die Metzgerei Teil eines gut sortierten Spar Supermarktes, der ebenfalls von Familie Goënga betrieben wird.

**Supermarkt & Slagerij Goënga**
De Naal 1, 1797 AX Den Hoorn
slagerijgoenga.nl

*1*
*Slagerij Goënga garantiert mit einem modernen Nachverfolgungssystem echtes Texeler Lammfleisch.*

*2*
*Tradition und Qualität seit 1935: heute Supermarkt & Metzgerei*

# In der Mitte

*1*
*Dieser wunderschöne Innenhof im Herzen von Den Burg bezaubert Texels Besucherinnen und Besucher stets aufs Neue.*

# In der Mitte


1 **Kaasboerderij Wezenspyk,** Seite 46
2 **Aussichtspunkt De Slufter,** Seite 50
3 **Schapenmuseum Texel,** Seite 52
4 **Wijngaard De Kroon van Texel,** Seite 56
5 **Schapenbedrijf De Waddel,** Seite 58, 64
6 **Kirche „Witte kerkje“,** Seite 62
7 **Texelse Branding,** Seite 68
8 **Mosterdmakerij Texel,** Seite 70
9 **Tesselaar Familiebrouwerij Diks,** Seite 74
10 **Texelse Chocolaterie,** Seite 76
11 **Pastorie De Waal,** Seite 80

De Slufter
2
Texel International Airport
De Koog
Oosterend
Nationaal Park Duinen van Texel
Waalenburg
11
De Waal
9
4
10
7
DE DENNEN
Dijkmanshuizen
Den Burg
3
8
5
1
Oudeschild
6
Den Hoorn

# Den Burg: Das „Herz“ von Texel

*Den Burg ist in vielerlei Hinsicht der Dreh- und Angelpunkt von Texel.*

Mit rund 6500 Einwohnern zählt Den Burg als das größte Dorf der Insel und beheimatet viele zentrale Einrichtungen. Dazu gehören neben dem Sitz der Gemeinde Texel auch ein Schulzentrum, eine Bibliothek, eine Apotheke, das Freibad Molenkoog und das Inselkino. Nicht zuletzt findet man hier auch die Touristeninformation VVV Texel, die für alle Fragen rund um den Insel-Aufenthalt eine Anlaufstelle bietet.

Mit einem abwechslungsreichen Angebot an kleinen Läden, Cafés und Restaurants lädt das Zentrum des mittelalterlichen Städtchens rund ums Jahr zum gemütlichen Schlendern, Einkaufen und Verweilen ein. Zentraler Treffpunkt sind die beiden Plätze „Stenenplaats“ und „Groeneplaats“. Hier kann man sich auf einer der vielen gemütlichen Terrassen niederlassen und bei einer Tasse Kaffee und einem leckeren Imbiss den Blick über die idyllische Kulisse genießen.

1

*1 Auf dem zentralen „Stenenplaats“ kann man Den Burgs gemütliche Atmosphäre genießen.*

*2 Historienmuseum „Oudheidkamer“*

*3 Kirche „De Burght“*

*4 Texel-Souvenir*

2

3

4

## Touristische Highlights

### Historienmuseum „Oudheidkamer“

Das denkmalgeschützte Gebäude aus dem Jahre 1599 diente einst als Gästehaus für Obdachlose und Fremde, heute bietet es Besuchern einen spannenden Einblick in das Leben „von früher“. Hinter dem Museum befindet sich zudem der kleinste öffentliche Kräutergarten der Niederlande, in dem unter anderem das ‚Zauberkraut‘ Mandragora (Alraune) aus den Harry-Potter-Büchern wächst.

**„Oudheidkamer“**
Kogerstraat 1, 1791 EN Den Burg
oudheidkamertexel.nl

### Kirche „De Burght“

Schon von Weitem ist der markante Turm der protestantischen Kirche „De Burght“ zu sehen, die das Zentrum von Den Burg markiert. Sonntags findet hier Gottesdienst statt, zudem lädt die Kirche rund ums Jahr zu verschiedenen Veranstaltungen ein. Das Highlight: Von April bis Ende Oktober ist es möglich, den Kirchturm zu besteigen und den Ausblick über Den Burg und die Insel zu genießen.

**Kirche „De Burght“**, Binnenburg 2,
1791 CG Den Burg

### Markt

Rund ums Jahr findet am Montag der Wochenmarkt in Den Burg statt. An zahlreichen kleinen Ständen werden dann sowohl typische Texel-Produkte angeboten als auch frische Nahrungsmittel, Blumen, Kleidung und vieles mehr.

Montags, 8:00 bis 13:30 Uhr,
Groeneplaats Den Burg

## Gastrotipps

### Brasserie de Lindeboom

Das Restaurant befindet sich in einem der ältesten Hotels der Insel und ist kulinarischer Treffpunkt für sowohl Hotelgäste als auch Einheimische. Sei es Frühstück, Mittag- oder Abendessen: In De Brasserie stehen den ganzen Tag über die Türen offen und ihre Terrasse ist im Sommer der Hotspot von Texel.

Groeneplaats 14, 1791 CC Den Burg-Texel,
lindeboomtexel.nl/de/restaurant/brasserie

### Café de Slock

Der perfekte Ort für einen geselligen Kneipenabend im Zentrum von Den Burg. In rustikaler Kulisse stehen mehr als zehn Biere vom Fass und über 150 verschiedene Sorten aus der Flasche zur Wahl. Natürlich gibt es auch ein 0,0%-Sortiment.

Parkstraat 36, 1791 CB Den Burg,
deslock.nl

### Witlof Foodbar & Hangout

Inmitten der Fußgängerzone findet man hier das erste vegane Restaurant von Texel. Das Küchenteam verzaubert mit gelungenen, rein pflanzlichen Interpretationen von Gerichten aus aller Welt, die nach dem Shared Dining Prinzip serviert werden.

Weverstraat 39, 1791 AA Den Burg,
www.witloffoodbar.nl

### Taveerne De Twaalf Balcken

Der Treffpunkt für Einheimische und Besucher: In rustikalem Ambiente kann man sich hier vom Einkauf erholen oder auch lecker zu Abend essen. Begleitend dazu gibt es acht verschiedene Biere vom Fass und über 140 Sorten Flaschenbiere.

Weverstraat 20, 1791 AD Den Burg,
12balcken.nl

Ausflugstipp:
### Boerderij Eethuis Catharinahoeve

In einem ehemaligen Bauernhof ist dieses gemütliche Familienrestaurant beheimatet. Drinnen lassen sich am offenen Kamin mehr als 40 Pfannkuchenspezialitäten verkosten, draußen lädt der Garten zum Genießen ein.

Rozendijk 17, 1791 PC Den Burg,
catharinahoeve-texel.nl

I

*Der Einfluss der mediterranen Küche findet sich auch in Texels Gastronomien wieder.*

# Die neuen Meister des Geschmacks: Wie zwei junge Käsemacher eine Inseltradition bewahren

*Leidenschaftlich, kreativ, ursprünglich – Texels neue Generation formt Geschmack*

Job Witte, 34, steht vor den hölzernen Regalen im Reiferaum und hebt einen Laib an, der hier seit Monaten lagert. Er prüft die Oberfläche, das Gewicht, den Klang beim Klopfen. Neben ihm: Liam de Smet, gerade einmal 20, der früh gelernt hat, Käse nicht nur zu produzieren, sondern zu verstehen. „Ich arbeite gerne mit meinen Händen – und es wird nie langweilig", sagt Liam, während er einen jungen Laib wendet. Ein Duo, das frischen Wind in eine jahrhundertealte Tradition bringt.

Seit 1981 wird auf dem Bauernhof Wezenspyk Käse hergestellt – heute unter der Leitung der nächsten Generation. Job kehrte nach zehn Jahren in Amsterdam zurück auf die Insel, um den Familienbetrieb in eine neue Generation zu führen. „Liam hat bei uns gelernt und arbeitet seit sieben Jahren hier", erzählt er. „Im ersten Jahr, in dem er allein produzierte, haben wir gleich einen Preis für den besten jungen Bauernkäse in Nordholland gewonnen!"

Die beiden stehen für eine neue Generation von Käsemachern, die tief in der Tradition verwurzelt ist und dennoch eigene Akzente setzt. Wöchentlich werden bis zu 30.000 Liter Milch verarbeitet. Je nach Sorte dauert die Produktion rund sechs Stunden. Es folgen Schneiden, Formen, Salzen und Wenden. Anfangs täglich, später wöchentlich. Vieles bleibt Handarbeit – und das schmeckt man.

## International prämierter Geschmack

Mitten im Texeler Polder, wo Salzluft und Weidegras den Ton angeben, entstehen Käsesorten mit dem Geschmack der Insel. 25 Tonnen reifen in den Lagerräumen, von Hand gepflegt. Mehrere Käsesorten von Wezenspyk haben internationale Auszeichnungen erhalten – allen voran der Schafskäse mit Lamsoor (Orekéés), benannt nach der salztoleranten Pflanze der Texeler Salzwiesen. Er wurde mit „Super Gold" bei den World Cheese Awards prämiert und in die Slow Food „Arche des Geschmacks" aufge-

1

2

*1*
*Liam und Job bringen Käseliebhaber auf den Geschmack*

*2*
*Preisgekrönte Käsekreationen*

*1*
*Im Hofladen werden kleine Käse-Kostproben angeboten.*

nommen. 2024 folgten Silber für einen jungen Schafskäse (drei Monate) in Portugal und Gold für eine sechs Monate gereifte Sorte in Rom. 2025 wurde zudem der Cum Laude Award verliehen.

Jährlich verarbeitet Wezenspyk rund eine Million Liter Kuhmilch, 200.000 Liter Schafsmilch und 10.000 Liter Ziegenmilch. Die Milch stammt ausschließlich von Texel. 80 Prozent der Produktion bleiben auf Texel, der Rest geht in die Spitzengastronomie auf dem Festland – nach Berlin, Antwerpen oder Rom.

Besonders beliebt: der Rustiekkäse – ein charaktervoller Bauernkäse, der mindestens fünf Jahre reift und beim Schneiden in markante Stücke bricht. Sein kräftiges Aroma mit feiner Salznote entfaltet sich besonders gut in süßer Gesellschaft: ein Klecks Erdbeermarmelade oder ein Schluck Portwein machen das Geschmackserlebnis perfekt. Daneben überraschen Sorten wie Algenkäse, Senfkäse oder cremiges Fondue aus verschiedenen Käsesorten. Und wer es intensiv mag, greift zum gereiften Käse mit Salzkristallen – ein echtes Aromafeuerwerk.

## Mit starkem Team für die Tradition

Eine Käsetour auf dem Bauernhof führt durch Stall, Produktion und Käselager – und endet mit einer Degustation, bei der die Käse ihre Reife zeigen: vom zart-cremigen Kuhmilchkäse bis zum brüchigen Schafskäse. Dabei zeigt sich, wie viel Sorgfalt in jedem Laib steckt. „Ich möchte die Insel und unseren Betrieb weiterentwickeln – weil ich glaube, dass man Tradition nur durch Veränderung lebendig hält", sagt Job – ein Gedanke, der sich in jedem Reiferaum und jedem Laib wiederfindet. Und mittendrin: zwei Männer, die zusammen mit einem starken Team sowie Gefühl und Können eine Inseltradition lebendig halten.

*2*
*Wezenspyk begeistert mit über 30 einzigartigen Käsesorten aus Schafs-, Ziegen- und Kuhmilch.*

**Verkaufsstellen:**
**Kaasboerderij Wezenspyk** (Bauernhof & Käserei), Hoornderweg 29, 1791 PM Den Burg

**Wezenspyk Käseladen,**
Weverstraat 42, 1791 AE Den Burg
wezenspyk.nl/de

**Jobs Lieblingsort auf Texel**

# Das Naturgebiet De Slufter

In punkto Natur ist dies mit Sicherheit der bekannteste Ort auf Texel. Der Grund: Hier findet man die einzige Stelle in den Niederlanden, an der die Nordsee ungehindert ins Binnenland einströmen kann. Denn trotz vielfacher Bemühungen der deichbaukundigen Niederländer erkämpfte sich das Meer stets aufs Neue einen Durchbruch durch den Flugsanddeich, mit dem zu Beginn des 17. Jahrhundert die Insel Eierland mit der Insel Texel verbunden wurde.

Das Resultat ist ein beeindruckend weiträumiges Naturgebiet, das dank des salzigen Meerwassers eine einzigartige Pflanzen- und Tierwelt beheimatet. Im Sommer taucht blühender Strandflieder die enorme Fläche in ein intensives Violett, im Herbst überziehen sich verfärbende Pflanzen wie Strandsode und Queller De Slufter mit einer roten Glut. Der Farbteppich reicht vom Aussichtspunkt auf der Düne bis hin zur Deichöffnung.

Tipp: Ein Großteil von De Slufter ist für Besucher frei zugänglich. Man kann hier auf eigene Faust bis zum Meer schlendern oder auch der ausgeschilderten Wanderung „Über Strand und Salzwiesen"* folgen, die auf einem Rundkurs durch das angrenzende Naturgebiet De Muy und zurück führt. Für weniger lauffreudige Naturliebhaber bietet „Jan Plezier" eine Planwagenfahrt nach De Slufter an. Von zwei muskelbepackten Belgiern gezogen, geht es dabei ab De Koog auf eine dreistündige Erlebnisfahrt durch die wunderschöne Natur.

* enthalten in der Broschüre „Inselrouten", die beim VVV Texel in Den Burg erhältlich ist.

**Aussichtspunkt De Slufter**
Aufgang gegenüber Café-Restaurant
De Slufter, Slufterweg 1,
1795 KM De Cocksdorp

**Planwagenfahrt „Jan Plezier"**
Reservierung unter
janpleziertexel.nl
Startpunkt Bushaltestelle Nikadel
in De Koog

*1*
*Aus der Luft wird die enorme Größe von De Slufter sichtbar.*

*2*
*Ab De Koog starten Planwagen-Fahrten nach De Slufter.*

Schapenmuseum Texel

# Ein Museum für Texels größten Star

Im Süden der Insel, dem so genannten „Alten Land", prägen Schafe bereits seit mehreren Jahrhunderten das Landschaftsbild. Von hier stammt auch die inseleigene Schafrasse „Texelaar" (Texel-Schaf), die sich aufgrund ihrer Robustheit und hervorragenden Fleischeigenschaften bei Schafbauern rund um den Globus einen Namen gemacht hat. Kein Wunder also, dass diesem internationalen Star mit einem eigenen Museum ein Denkmal gesetzt wurde – natürlich standesgemäß in einer der für Texel typischen „schiefen" Schafscheunen.

Das „Schapenmuseum" ist auf dem Gelände der Käserei „Kaasboerderij Wezenspyk" beheimatet. Schon auf dem Weg, der vom Parkplatz aus dorthin führt, können Besucher einen einzigartigen Mix aus Landschaft, Geschichte und Ruhe erleben. Die Schafscheune, die das Museum nun beheimatet, stand zuvor an einem anderen Ort der Insel und wurde speziell für diesen Zweck hier wieder aufgebaut.

Im Schafmuseum findet man eine kleine, aber feine Ausstellung, die sowohl informativ als auch spielerisch aufgebaut ist. So erfährt man Hintergründe zur Zucht und zum typischen Körperbau eines Texel-Schafs aber auch, was Beyonce und die Texel-Schafe gemeinsam haben. Zudem kann man sich an einer Installation die typischen Pfiffe anhören, mit denen bekannte Texeler Schafbauern ihre Vierbeiner rufen.

Das Museum ist täglich von 9.30 bis 17 Uhr geöffnet, der Eintritt ist kostenlos.

**Schapenmuseum Texel**
Im rückwärtigen Teil von
Kaasboerderij Wezenspyk
Hoornderweg 29, 1791 PM Den Burg,
www.wezenspyk.nl/de
Eintritt frei

*1*
*Das Schafmuseum ist stilecht in einer Schafscheune untergebracht.*

*2*
*Star der Insel: Das Texelschaf!*

## Skéép en Lantskap

# Wandern auf den Spuren der Schafe

Wer sich die Geschichte der Texel-Schafe erwandern möchte, sollte der Route „Skéép en Lantskap" (Schaf und Landschaft) folgen. Sie führt auf einer Strecke von 8,5 Kilometern von Den Hoorn bis zur Kaasboerderij Wezenspyk und zurück und verbindet gleich mehrere kulinarische Highlights der Insel.

Die Rundwanderung startet im Dorfzentrum von Den Hoorn, wo man sich bei der Metzgerei Goënga mit Leckereien vom Lamm versorgen kann. So gut ausgerüstet geht es in östlicher Richtung aus dem Dorf hinaus über alte Deiche und an grünem Weideland entlang. Unterwegs findet man spannende Informationen über die alte Küstenlinie von Texel und verschwundene Häfen.

Kurz vor Ankunft am Schafmuseum, das sich auf dem Grundstück der Kaasboerderij Wezenspyk befindet, erwartet die Wanderer ein echtes Highlight. Denn hier gilt es, mithilfe einer Handfähre über einen breiten Wassergraben überzusetzen. Ist diese Herausforderung gemeistert, lohnt sich ein Abstecher in den Hofladen, um ein leckeres Stück Käse als Proviant mitzunehmen.

Ab hier geht es wieder zurück zum Startpunkt der Route. Etwas außerhalb von Den Hoorn führt die Strecke am Novalishoeve entlang. Im Hofladen dieses biologisch-dynamischen Bauernhofs kann man hochwertige Lebensmittel aus eigener Produktion erstehen. Zudem lädt das hauseigene Café dazu ein, die müden Beine bei einem leckeren Stück Kuchen oder einem Eis kurz auszuruhen.

Startpunkt im Zentrum von den Hoorn,
z.B. ab Supermarkt & Slagerij Goënga,
De Naal 1, 1797 AX Den Hoorn

*1*
*Per Handfähre werden Wanderer zu Seefahrern.*

*2*
*Schafe & Landschaft: Der Name der Wanderung ist hier Programm.*

## Weingut De Kroon van Texel

# Der Wattenwinzer und sein flacher Weinberg

Das Weingut De Kroon van Texel ist nicht nur eines der nördlichsten Weingüter der Niederlande, sondern auch das einzige im Wattenmeer.

Im Jahr 2005 pflanzte Winzer Jan Jaap Kroon hier die ersten 500 Rebstöcke. Heute wachsen auf einer Fläche von rund drei Hektar mehr als 8000 Rebstöcke und liefern Trauben für mehrere Weißweine, einen Rosé und einen Rotwein.

Dass in dieser eher ungewöhnlichen Umgebung qualitativ hochwertiger Wein angebaut wird, ist dem Geschick und der Hingabe von Jan Jaap Kroon zu verdanken. Um Platz für die Reben zu schaffen, opferte seine Frau ihre Pferdeweiden. Die Mühen und der Erfolg dieses ungewöhnlichen Weinanbauprojekts spiegeln sich in der jährlichen Produktion von etwa 6000 Litern wider, von denen jeder Tropfen für die Kunst des Weinbaus an einem der ungewöhnlichsten Orte der Welt steht.

Die Weine von De Kroon van Texel tragen oft Namen, die der Familie gewidmet sind. Ein besonderer Stolz des Weingutes ist der Qualitätswein „Trots“, was auf Deutsch „Stolz“ bedeutet. Dieser Wein wird nur in Jahren produziert, in denen er die hohen Qualitätskriterien der Marke erfüllt. Dabei spielt die Ausgewogenheit der verschiedenen Säurekomponenten eine zentrale Rolle. Ebenso wichtig ist ein ausgeprägter Alkoholgehalt, der dem Texelwein seinen einzigartigen Charakter verleiht. Im Jahr 2018 haben die Rebsorten Johanniter und Souvignier Gris diese hohen Anforderungen erfüllt und den Jahrgang zu etwas ganz Besonderem gemacht.

Tipp: Für Weinliebhaber, die das Erlebnis noch vertiefen möchten, bietet das Weingut eine besondere Übernachtungsmöglichkeit. Direkt neben den Weinfeldern steht ein B&B zur Verfügung, das vom Winzer vermietet wird.

*1*
*Innovation im Weinbau: De Kroon van Texel ist das einzige Weingut im Wattenmeer.*

*2*
*Jan Jaap heißt Besucher zu Führungen durch seinen flachen Weinberg willkommen.*

**Wijngaard De Kroon van Texel**
Rozendijk 32, 1791 PE Den Burg
wijngaarddekroonvantexel.nl/de

# Ein Leben mit den Schafen: Von Herzblut und Heimatliebe

*Der Bauernhof „De Waddel" ist die Heimat von Jan-Willem Bakker und seiner Familie. Er wurde 1625 erbaut und zählt zu den ältesten Schafzuchtbetrieben Texels.*

Das ganze Jahr über dreht sich das Leben um die 400 Mutterschafe, die im Frühjahr ihre Lämmer auf die Welt bringen. Mit viel Herzblut setzt sich Jan-Willem sowohl für den Erhalt dieses Texeler Traditionsguts ein als auch für die einzigartige Natur rund um seinen Hof. Denn das eine bedingt das andere.

„Wir sind einfach verrückt nach unseren Schafen", erklärt Jan-Willem mit einem Strahlen in den Augen. Und das nimmt man ihm ohne zu zögern ab. Schon als kleiner Junge wusste er, dass er später Schafbauer werden möchte. Eine Leidenschaft, die sich bereits seit Generationen durch die Familie Bakker zieht. Sein Vater, sein Opa und noch viele, viele vor ihm lebten für und mit den wolligen Vierbeinern. So viel zu Familientraditionen.

Wenn er spricht, wandert sein Blick immer wieder voller Ehrfurcht über die Landschaft, die seinen Hof umgibt. Denn „De Waddel" liegt inmitten des „Hoge Berg"-Gebiets, das wie kein anderes das Gesicht von Texel prägt. Ungehindert schweift das Auge hier über grüne Weideflächen, auf denen die Schafe in aller Ruhe ihrem Tagwerk aus grasen, wiederkäuen und schlafen nachgehen.

> *„Die Natur liefert eine ‚Apotheke', die die Schafe nutzen können, um gesund zu bleiben."*
>
> *Jan-Willem Bakker*

Die Böden sind karg. Gleichzeitig gibt es eine vielfältige Vegetation, denn hier trifft das Salzwasser aus dem Meer auf ein Süßwasserdepot unter dem Hoge Berg. „Die Natur liefert eine ‚Apotheke', die die Schafe selbst nutzen können, um gesund zu bleiben", erklärt Jan-Willem. Und lüftet damit das Geheimnis, warum gerade hier die besten Bedingungen für die weithin bekannteste Texeler Spezialität vorherrschen: Lammfleisch.

*1*
*Jan-Willem Bakker: Hüter der Texeler Schaftradition*

*2*
*‚De Waddel': einer der ältesten Schafhöfe Texels*

Das alte Weideland, die salzige Seeluft und das artgerechte Leben sind die Zutaten für den besonderen Geschmack, der Texeler Lammfleisch zu einer gefragten Köstlichkeit macht. Nicht zu vergessen die Sorgsamkeit, mit der den Tieren hier begegnet wird. Ein echtes Texeler Lamm muss mindestens hundert Tage alt sein, bevor es geschlachtet werden darf. Bis dahin lebt es ausschließlich draußen auf den Weiden. Denn Texel-Schafe sind für ihre besondere Robustheit bekannt: Schon kurz nach ihrer Geburt geht es für die Lämmer und ihre Mütter raus aus dem Stall.

Den Großteil seiner Lämmer verkauft Jan-Willem an die Metzgerei Goënga in Den Hoorn. Einige werden jedoch auch für den eigenen Hofladen geschlachtet und weiterverarbeitet. So gibt es neben Filet, Keule, Spareribs und Burgern auch geräucherte oder getrocknete Wurst vom Lamm zu kaufen. Eine weitere Spezialität ist der hausgemachte Schafskäse. Alle Produkte sind rund ums Jahr im Hofladen oder im Verkaufsautomaten davor erhältlich.

Neben seinem täglichen „Schafbusiness“ setzt sich Jan-Willem zudem mit großem Engagement dafür ein, dass das „Hoge Berg“-Gebiet genau so bleibt, wie es ist. „Wir setzen hier bewusst nicht auf Maximalisierung, sondern auf eine optimale Kreislaufwirtschaft. Im Mittelpunkt steht für uns der Erhalt dieses besonderen Lebensraums, in dem nicht nur unsere Schafe, sondern auch verschiedenste Vögel und Pflanzen zu Hause sind.“

Um bei diesem Vorhaben möglichst breite Unterstützung zu erhalten, sucht Jan-Willem das persönliche Gespräch. Zum Beispiel, wenn er hinter dem Tresen seines Hofladens steht. Aber auch bei den Aktivitäten, bei denen Besucher hinter die Kulissen des Schafbauernhofs schauen können. „Ich bekomme eine Menge Energie davon, wenn Menschen meine Geschichte anhören und den Zusammenhang zwischen dem ehrlichen Umgang mit der Natur und dem Entstehen hochwertiger Produkte verstehen.“ Und das kann man schmecken.

**Schapenbedrijf De Waddel**
Westergeest 4, 1791 LJ Den Burg
dewaddel.nl

1

*1*
*Sind die Lämmer groß genug, wird aus der Schafsmilch leckerer Käse gemacht.*

*» Wir setzen bewusst nicht auf Maximalisierung, sondern auf eine optimale Kreislaufwirtschaft. «*

*Jan-Willem Bakker*

## Fair und lecker

# Wurst vom Schaf

Das beste Beispiel für den ganzheitlichen Ansatz von De Waddel ist das neueste Produkt: Schafswurst. Während der Absatzmarkt für Lämmer auf der Insel groß ist, war dies für Mutterschafe, die im Alter aus der Zucht genommen werden, bisher nicht der Fall. Um ihnen nach Jahren treuer Dienste lange Transportwege zum Schlachter zu ersparen, tüftelte Jan-Willem an einem Rezept, das auch ihr Fleisch zu einer lokalen Spezialität macht. Und das mit Erfolg.

Bei der benachbarten Brauerei Texels wird die Schafswurst als herzhafter Imbiss zum Verkosten der Biere angeboten, das Sternerestaurant Bij Jef zaubert daraus sogar einen köstlichen Zwischengang, der natürlich von der besonderen Geschichte hinter diesem Produkt begleitet wird.

1

## Servier-Tipp von Jan-Willem

Die Schafswurst eignet sich prima für eine kleine Brotzeit zwischendurch. In kleine Stücke geschnitten, dazu gewürfelten Schafskäse und einen kräftigen Schnaps – oder natürlich ein leckeres Texeler Bier.

Jan-Willems Lieblingsort auf Texel

# Das Land von Den Hoorn

In Den Hoorn liegen die Wurzeln von Jan-Willem. Besonders hat es ihm das Land nördlich des Dorfes angetan, das an die Witte kerkje angrenzt. Neben der Schafzucht ist diese Gegend auch für die Zucht von Blumenzwiebeln bekannt. So bietet sich hier im Frühjahr ein abwechslungsreiches Schauspiel aus grünen Weiden voller weißer Lämmer und farbenprächtigen Blumenfeldern – eine tolle Kulisse für eine ausgedehnte Radtour oder eine gemütliche Wanderung.

Auch interessant: Rund um die Witte kerkje findet man zehn bronzene Jakobsmuscheln in den Boden eingelassen. Hier befindet sich der nördlichste Startpunkt des „Jacobsweg Amstelredam", über den Pilger die rund 2500 Kilometer lange Strecke nach Santiago de Compostela ablegen können.

*1*
*Nachhaltige und leckere Delikatesse: Die Texeler Schafswurst!*

*2*
*„Witte kerkje" von Den Hoorn*

**Kirche „Witte kerkje"**
Kerkstraat 5, 1797 AD Den Hoorn

### Knapzaktocht

# Ein Rucksack voller Leckereien

Mit der Knapzaktocht bietet der Schafbauernhof ‚De Waddel' eine wunderbare Kombination aus wandern, entdecken und schlemmen. Ausgestattet mit einem „Knapzak" (Rucksack) voller hausgemachter Leckereien startet man direkt vom Hof auf einen entspannten Streifzug durch das wunderschöne Hoge-Berg-Gebiet.

Zusammen mit dem Knapzak erhält man eine Routenbeschreibung (zur Wahl stehen dabei zwei Strecken von 5,3 oder alternativ 3,3 Kilometern) sowie ausführliche Informationen zur Umgebung. Denn hier gibt es viel zu entdecken, was wirklich typisch Texel ist. Neben den Texel-Schafen zählen dazu die Grassodenwälle, die wegen Holzmangels als „Zaun" zwischen den Weiden errichtet wurden und das Landschaftsbild maßgeblich prägen. Oder auch die „schiefen Schafscheunen", die mit ihrer flachen Seite immer nach Westen hin ausgerichtet sind.

1

*„Knapzaktocht": Wandern mit Genuss!*

2

*Picknick mit hausgemachten Spezialitäten*

Unterwegs gibt es schöne Picknickplätze. Zum Beispiel auf dem höchsten Punkt des Hoge Berg oder windgeschützt im Wäldchen „Doolhof“. Der Picknicktisch ist schnell mit einer Fülle von hausgemachten Köstlichkeiten gedeckt. Dazu gehören Butter und Käse aus hofeigener Schafsmilch, Wurstwaren von Lamm und Schwein aus eigener Schlachtung, selbstgebackenes Brot und hausgemachte Marmeladen in verschiedenen Geschmacksrichtungen.

Mit Blick auf den Schutz der umgebenden Natur ist alles in wiederverwendbaren Behältern verpackt. Um das Picknickerlebnis perfekt zu machen, gibt es dazu Brozeitbretter, Besteck und Stoffservietten sowie Becher für das ebenfalls enthaltene Wasser.

**Schapenbedrijf De Waddel**
Westergeest 4, 1791 LJ Den Burg,
dewaddel.nl

**Lämmerradroute**

# Zu Besuch beim Schafnachwuchs

Im Frühling bietet sich auf Texel die Chance auf ein unvergessliches Erlebnis. Denn während die ersten Narzissen und Hyazinthen ihre Köpfe aus der Erde strecken, erblicken auch die Lämmer das Licht der Welt. Tausende von ihnen bevölkern dann die von Grassodenwällen umringten grünen Weiden im ‚Alten Land' von Texel und lassen mit ihrem fröhlichen Tollen die Herzen von Klein und Groß höherschlagen.

Die beste Art, dieses Schauspiel aus nächster Nähe zu erleben, ist eine Radtour auf der „Lämmerroute". Sie verläuft rund 35 Kilometer durch die schafreichen Gebiete im Süden der Insel und führt dabei durch wunderschöne Natur sowie an einigen Sehenswürdigkeiten entlang.

Beim VVV Texel ist die Broschüre zur Radroute erhältlich. Sie enthält nicht nur eine detaillierte Beschreibung der Strecke, sondern liefert auch viele interessante Informationen rund um das Texel-Schaf und Besonderheiten, die damit verbunden sind. Der offizielle Startpunkt ist das Gebäude des VVV Texel in Den Burg. Da sich die Route an dem Knotenpunktenetz orientiert, kann man aber auch an vielen anderen Stellen in die Strecke einsteigen. Ohne Stopps dauert die Tour etwa zwei Stunden. Unterwegs bieten sich aber vielfältige Möglichkeiten anzuhalten, um die schöne Aussicht oder eine Tasse Kaffee zu genießen.

**Broschüre zur Radroute**
**Download-Link**

*1*
*Niedlichkeitsalarm: Bewundern Sie die putzigen Lämmer auf den Weiden Texels im Frühling.*

*2*
*Die „Lämmerradroute“ führt durch die schönsten Gebiete im Süden von Texel.*

Texelse Branding

# Kaffee und Café mit Charakter

Mitten in Den Burg vereint Texelse Branding eine Kaffeerösterei, ein gemütliches Café und eine Bäckerei unter einem Dach.

Das Café liegt malerisch am Rande von De Wezentuin, dem Park von Den Burg. Schon von innen verzaubert der Blick über diese grüne Oase, im Sommer lässt es sich auf der Terrasse prima verweilen. Das vielfältige Angebot ist auch zum Mitnehmen erhältlich, ideal für ein Picknick im Park.

Der Kaffee ist der Star von Texelse Branding. Die sorgfältig ausgewählten Bohnen aus verschiedenen Ländern werden so geröstet, dass ihre Herkunft und ihr Charakter im Vordergrund stehen. Der Röstprozess ist fein abgestimmt, um den ursprünglichen Geschmack der Bohnen zu erhalten und hervorzuheben. Texelse Branding setzt auf direkten Handel, kauft die Bohnen direkt beim Bauern und vermeidet Zwischenhändler. So wird nicht nur die Qualität garantiert, sondern auch für eine direkte Unterstützung der Produzenten gesorgt. Die hauseigene Bäckerei bietet täglich frisches Brot, Gebäck und Kuchen aus biologischen Rohstoffen und mit viel Liebe zum Detail. Hier werden täglich Sauerteigbrot, Croissants, süße Brötchen und Kuchen nach traditioneller Art gebacken.

Texelse Branding, das 2020 eröffnet wurde, trägt seinen Namen übrigens mit Bedacht: „Branding“ bedeutet auf Niederländisch sowohl „brennen“ als auch „Brandung“. Ein passender Name für eine Kaffeerösterei auf einer Insel, die für ihre vielfältigen Wassersportaktivitäten bekannt und ein Mekka für Surfer ist.

**Texelse Branding**
Vismarkt 6, 1791 CD Den Burg,
texelsebranding.nl

*1*
*Texelse Branding: Handverlesener Kaffee, lokal geröstet*

*2*
*Texelse Branding liegt zentral und am Park De Wezentuin in Den Burg.*

*3*
*Direkter Handel: Texelse Branding setzt auf nachhaltigen Kaffeegenuss mit fairen Preisen.*

# Inselflair im Glas: Die Texeler Senfmacher

*Pferdeeppich und Texeler Meer: Geheimzutaten für erlesene Senfsorten mit Inselcharakter.*

Früher leidenschaftliches Hobby, heute Beruf: Christof und Mieke de Vries gründeten 2020 die Senfmanufaktur „Mosterdmakerij Texel" aufgrund der großen Nachfrage nach ihren Köstlichkeiten im Glas. Ihr Senf ist dank der besonderen Gewürze und Pflanzen der Insel ein Highlight für Feinschmecker.

Die Senfmanufaktur liegt idyllisch in der Natur in einem alten Bauernhaus aus dem Jahr 1899 am Fuße des „Hoge Berg". „Galanthus" (Schneeglöckchen) haben Mieke und Christof den Hof genannt, weil im Frühjahr um den alten Bauernhof malerisch Schneeglöckchen wachsen. Diese Blumen und andere regionale Kräuter und Früchte sind die Grundlage für die begehrten Senfsorten und -öle der kreativen Senfmüller. In der Mosterdmakerij Texel schmeckt man die würzigen Aromen der Insel im Glas. Es wird großer Wert auf Produkte aus der Region gelegt. Die gelben, braunen und schwarzen Senfkörner kommen vom benachbarten Bauernhof De Prins. Das Geheimnis der Senfmacher: Alle Sorten haben als exklusive Zutat den Pferdeeppich, auch als schwarzer Liebstöckel bekannt. Ein seltenes Kraut in Europa, das auf Texel wunderbar gedeiht und dem Senf seinen einzigartigen Texeler Geschmack verleiht.

Die Mosterdmakerij Texel bietet eine große Auswahl von milden bis scharfen Geschmacksrichtungen an. Neben dem klassischen „Texelse Mosterd" gibt es besondere Spezialitäten wie den Waddenmosterd mit Algen, den Texeler-Biersenf, den Meerfenchelsenf oder Honigsenf mit Texelaner Imkerhonig von der Küste. Besucher der Manufaktur können die Sorten probieren und einen Einblick in die Herstellung bekommen.

**Mosterdmakerij Texel**
Christof und Mieke de Vries
Zuidhaffel 31, 1791 LD Den Burg
mosterdmakerijtexel.nl

*1*
*Senfvielfalt am Hoge Berg*

*2*
*Senfmeister von Texel: Christof de Vries*

*3*
*Einzigartige Senfsorten aus Texels Naturschätzen*

Rezepte

# Drei Rezeptideen mit Texelsenf

## Miekes herzhafte Senfsuppe

Das einfache Rezept kommt ohne Sahne aus und konzentriert sich dafür mehr auf den herzhaften Senfgeschmack.

**Zutaten**
1 Zwiebel
2 Knoblauchzehen
1 Schuss Olivenöl
1 TL Kurkuma
½ Fenchelknolle
½ Sellerieknolle
1 Kartoffel
3 EL groben Senf „Pittige Mosterd“ (der würzige, grobe Senf ist durch die Zugabe von Meerrettich und Texeler Kerbel schön scharf und aromatisch)
1 Liter Gemüsebrühe

**Zubereitung**
Fein geschnittene Zwiebel mit gehackten Knoblauchzehen in etwas Olivenöl anschwitzen und Kurkuma hinzufügen.

Gehacktes Gemüse hinzugeben und gut eine halbe Stunde köcheln lassen, bis das Gemüse weich gekocht ist.

Groben Senf unterrühren und mit einem Liter Gemüsebrühe ablöschen und noch einmal leicht kochen lassen.

Nach 20 Minuten mit einem Stabmixer zu einer glatten, dickflüssigen Suppe zermahlen.

*Guten Appetit!*

*1*
*Senfvielfalt mit Texeler Twist: Aromen aus der Natur des Hoge Bergs in jedem Glas*

## Avocado-Senf-Brotaufstrich

Avocado liegt im Trend und der 4-Zutaten-Aufstrich ist schnell zubereitet und ein echter Allrounder: Er schmeckt auf Brot, als Dip zu Gemüse und eignet sich auch zum Barbecue.

### Zutaten

1 Avocado
1 Bio-Zitrone
2 TL Texeler-Kräutersenf
1 Prise Salz

### Zubereitung

Die Avocado halbieren und entkernen. Das Fruchtfleisch mit einem Löffel herauskratzen.

Zitrone heiß waschen, trocken tupfen und die Schale abreiben.

Avocado mit Zitronenschale und Texelsenf mischen und mit Salz abschmecken.

*Ruckzuck ist der köstliche Brotaufstrich fertig!*

## Salatdressing: Honig-Senf-Vinaigrette

Passt hervorragend zu Blattsalaten und Lachs.

### Zutaten

4 EL Weißweinessig
2 – 3 Teelöffel „Mosterd Dilledip“ (cremiger Senfdip mit Dill und Honig)
2 TL Honig
10 El Rapsöl (kaltgepresst)
5 Halme Schnittlauch
Salz, Pfeffer nach Belieben

### Zubereitung

Schnittlauch waschen, trocken schütteln und in feine Röllchen schneiden.

Senf, Honig und Essig verrühren.

Öl tröpfchenweise darunter schlagen und mit Salz und Pfeffer würzen.

**Tesselaar**

# Hier ist Bier Familiensache

Bei einem Besuch der Brauerei Tesselaar ist es ein bisschen so, als würde man nach Hause kommen. Denn der Zusatz „Familienbrauerei Diks“ ist hier auf ganzer Linie Programm. Neben Vater Maurice und Mutter Helma sind auch die Kinder Mariska, Jasper und Sander Vollzeit im Unternehmen aktiv. Hinzu kommt Schwiegersohn Sander, der über die Theke der Probierstube herrscht.

Doch nicht nur die familiäre Atmosphäre ist hier besonders: Auch die Biere haben sich in kürzester Zeit zu Recht einen großen Freundeskreis erobert. Erst im Mai 2019 wurde das erste Bier nach Familienrezept angesetzt, mittlerweile besteht das Programm aus zehn verschiedenen Gerstensäften sowie dem „Texelendje“, das jeweils zum Jahresende neu aufgelegt und in Steingutflaschen abgefüllt wird.

Tesselaars unbestrittener Star ist jedoch der „Strandstruner“, ein kupferfarbenes Weizenbier mit einem ebenso frischen wie vollmundigen Geschmack. 2022 wurde es bei der Dutch Beer Challenge mit einer Goldmedaille ausgezeichnet, 2023 gab es noch einmal Silber obendrauf.

Überwiegend bleiben die Tesselaar-Biere direkt auf der Insel, sie sind aber auch landesweit in gut sortierten Spirituosenläden zu erwerben. Der beste Verkaufspunkt ist jedoch die Brauerei selbst. Bei einer Führung kann man die Kupfer-Braukessel, die aus einer alten Brauerei in der Nähe von Coburg stammen, aus nächster Nähe betrachten und erfährt dabei alles über die Geschichte der Brauerei. Das Highlight: Während des Rundgangs gibt es mehrere „Bier-Momente“, bei denen es verschiedene Tesselaars zu verkosten gibt. *Prost!*

1

*Gemeinsam stark: In ihrer Brauerei in Den Burg zaubert Familie Diks köstliche Bierspezialitäten.*

**Tesselaar Familiebrouwerij Diks**
Meyertebos 7, 1791 MG Den Burg
biervantexel.nl

Texelse Chocolaterie

# Ein Traum aus Schokolade

Texel-Fans mit süßem Zahn finden in der Texelse Chocolaterie das Paradies auf Erden.

Wie schokoladengewordene Schmuckstücke reihen sich in der Auslage edle Pralinenkreationen aneinander, in der Luft liegt ein Hauch von Kakao kombiniert mit fruchtigen und würzigen Aromen. Schon schnell wird klar: Hier kommen Handwerkskunst, hochwertigste Zutaten und Heimatliebe zusammen.

Eigentümerin Esmay Hin hat sich hier einen Lebenstraum erfüllt. Als gelernte Konditorin und Patissière arbeitete sie in Amsterdam bei einer der besten Patisserien der Niederlande. Doch die Sehnsucht nach der Heimat war groß. Als sich ihr die Chance bot, die Texelse Chocolaterie zu übernehmen, brauchte sie nicht zwei Mal zu überlegen.

Die Pralinen, Hohlfiguren und Schokoladentafeln mit typischen Texelmotiven sind bei ihren Kunden besonders beliebt: Seien es Schafe, der Leuchtturm oder die Texeler Schafscheunen. Besonders gerne verwendet Esmay für ihre Kreationen zudem lokale Zutaten wie Kaffee von „Texelse Branding“, Cranberrys von „Landgoed Bonte Belevenis“, Texeler Sanddorn und Lavendel oder den typischen Insel-Kräuterbitter „Juttertje.“

So entstand auch eine der ausgefallensten Pralinen-Kreationen der Texelse Chocolaterie: dunkle Schokolade mit einer Füllung aus Senf von der Mosterdmakerij Texel und einem Hauch von Honig – ein wahres Erlebnis für die Sinne!

*1*
*Die unverwechselbaren Schafscheunen als süße Verführung*

*2*
*Genuss mit Heimatverbundenheit: Esmay Hin und ihre Texelse Chocolaterie*

**Texelse Chocolaterie**
Spinbaan 1A, 1791 MC Den Burg,
detexelsechocolaterie.nl

# De Waal: Klein aber fein

*Rund drei Kilometer nordöstlich von Den Burg befindet sich De Waal. Mit rund 210 Einwohnern ist es das kleinste Dorf von Texel.*

In den Straßen, die von ehemaligen Bauernhöfen und historischen Wohnhäusern gesäumt sind, herrschen Ruhe und Gemütlichkeit. Um diese besondere Atmosphäre zu genießen, kann man De Waal am besten zu Fuß oder mit dem Rad entdecken.

De Waal wurde auf einem aufgestauten Geschiebelehmhügel aus der Eiszeit errichtet und lag bis 1613 direkt am Meer. Der umliegende Polder Waalenburg beheimatet eines der zahlreichen Naturschutzgebiete der Insel und ist das erste und größte Wiesenvogelreservat der Niederlande. Im Winter frieren die seichten Gewässer dort schnell zu, sodass man hier Schlittschuh laufen kann.

1

## Touristische Highlights

### Museum „Waelstee"

Ein historischer Bauernhof im Herzen von De Waal ist Heimat des Museums, das ausschließlich von Freiwilligen betrieben wird. Hier erfährt man wie Texeler Bauernfamilien vor 100 Jahren lebten und arbeiteten. Zur Ausstellung gehören Fahrzeuge wie Bauernwagen, Kutschen und Pferdeschlitten sowie alte landwirtschaftliche Maschinen. Ein besonderer Schwerpunkt liegt auf der Rolle der Frau in Landwirtschaft, Milchproduktion und Flachs- und Wollverarbeitung.

Hogereind 6, 1793 AG De Waal,
cultuurmuseumtexel.nl/de

### Sompop

Am ersten Samstag im Juli findet in De Waal traditionell das Musikfestival „Sompop" statt. Es gilt als das gemütlichste Popfestival der Niederlande und bietet ebenso etablierten Bands wie Newcomern ein Podium. Der Name bezieht sich auf die Erdwichtel „Sommeltjes", die nach alter Texeler Volkssage bei Mondschein auf dem Sommeltjesberg bei De Waal tanzen sollen.

De Waal, 12:00 bis 23:30 Uhr,
sompop.nl

### Naturzentrum De Marel

Das Naturzentrum ist der ideale Startpunkt für eine Rad- oder Wandertour durch das Naturschutzgebiet Waalenburg. Rund ums Jahr werden hier verschiedene Exkursionen angeboten. Zu den Highlights zählen neben der großen Vielfalt an Wiesenvögeln wilde Orchideen, die direkt am Wegesrand blühen. Vor Ort kann man sich über die umliegende Natur informieren, eine leckere Tasse Kaffee trinken und die Kinder auf einem großen Natur-Spielplatz toben lassen. Eintritt frei.

Nieuwlanderweg 38 1793 EV, De Waal,
natuurmonumenten.nl/natuurcentrum-de-marel

## Gastrotipp

### Pastorie De Waal

In diesem ehemaligen Pfarrhaus dreht sich alles rund ums Kochen. Neben Catering für diverse Anlässe bietet Chefkoch Wessel im hauseigenen Kochstudio diverse Workshops an, wie zum Beispiel den Kochkurs „Texelsche Produkte“.

Langwaal 2, 1793 AJ De Waal,
pastoriedewaal.nl/

*1 Idyllisches De Waal: Ein Dorf voller Geschichte und Ruhe*

*2 Einblick ins Landleben: Das Museum ‚Waelstee‘ in De Waal*

*3 Sompop: das gemütlichste Musikfestival der Niederlande*

*4 Naturzentrum De Marel bietet Infos zum Naturgebiet Waalenburg*

# Pastorie De Waal: (Koch-)Paradies in historischen Mauern

*Es war die Sehnsucht nach einem einfacheren Leben, die Anet und Wessel dazu bewog, sich auf Texel eine neue Existenz aufzubauen.*

Nach vielen umtriebigen Jahren, in denen beide für ihre Selbstständigkeit oft außer Haus waren, sollten alle Fäden endlich an einem zentralen Ort zusammengekommen. In der Pastorie De Waal ging dieser Wunsch 2017 in Erfüllung: Unter dem Dach des historischen Gebäudes findet man heute Kochatelier, B&B und Wohnsitz der Familie vereint.

„Es fühlte sich direkt richtig an", erinnert sich Anet an den Moment, an dem sie das ehemalige Pfarrhaus erstmals betraten. Der mittlere Teil der Pastorie De Waal stammt aus dem Jahre 1680. 1850 wurde der vordere Gebäudeteil errichtet, der heute die große Küche des Kochateliers beheimatet. Der rückwärtige Anbau kam Anfang des 20. Jahrhunderts hinzu: Hier befindet sich das B&B, das die Familie rund ums Jahr an Besucher vermietet.

Beim Umbau des denkmalgeschützten Gebäudes war es ihnen wichtig, die authentischen Elemente präsent zum Vorschein kommen zu lassen. Einige Einbauten aus den 1970er Jahren mussten dafür weichen. Das Ergebnis ist ein warmer Ort, an dem man sich willkommen fühlt. Und der Anet und Wessel die Möglichkeit gibt, das zu tun, was ihnen besonders am Herzen liegt: Menschen verbinden. Wie ein roter Faden zieht sich dies durch alles, was sie unternehmen.

## Ein Leben zwischen Kunst und Küche

Ihrer beider Wurzeln liegen in der Bildenden Kunst. Anet führt ihr eigenes Atelier im 50 Meter entfernten Dorfhaus von De Waal. Der Schwerpunkt ihrer künstlerischen Tätigkeit liegt auf Performances und Filmen, zudem veranstaltet sie Workshops, in denen man sich in der Kunst des Zeichnens oder des Theaterspiels üben kann. Für das leibliche Wohl der Teilnehmer ist Wessel verantwortlich. Auch er arbeitete einige Jahre als Künstler, merkte dann aber, dass das Kochen ihm mehr am Herzen lag.

1
Die Pastorie stammt aus dem Jahre 1680

2
Kreatives Paar: Anet van den Elzen & Wessel Holleman

## „Es fühlte sich direkt richtig an"

Anet van den Elzen

1
*Im Kochatelier bietet Wessel Workshops an.*

2 + 3
*Hier entstehen leckere Gerichte nahezu komplett aus Texeler Zutaten.*

„Meine Leidenschaft fürs Kochen hatte sich in unserem Bekanntenkreis herumgesprochen. So erreichte mich plötzlich die Einladung, auf der Biennale 1997 in Venedig die Kuratoren des niederländischen Pavillons zu bekochen", erzählt Wessel von dem Moment, der die entscheidende Wendung in sein Leben brachte. Rund sechs Wochen war er mit dem Team vor Ort. Mit den traumhaften Zutaten, die er dafür auf dem Rialto-Markt einkaufte, tauchte er tief in die italienische Küche ein.

Nach seiner Rückkehr hängte er den Künstlerberuf an den Nagel und startete mit einem eigenen Catering durch. Rund zwanzig Jahre lang versorgte er die Schauspieler und Crews an den Filmsets dieser Welt und setzte damit eine Familientradition fort. Denn bereits Wessels Mutter war eine leidenschaftliche Köchin sowie Autorin zahlreicher Kochbücher. Bei ihr erlernte er die Basis, später vertiefte er sich im Selbststudium intensiv in die Küchen dieser Welt.

Dieses Wissen gibt Wessel im Kochstudio der Pastorie De Waal in Form von Workshops an interessierte Teilnehmer weiter. Besonders beliebt ist sein Kochkurs „Texeler Produkte", aber auch die Brotbackkurse sind stark gefragt. In kleinen Gruppen von zwei bis acht Personen geht es in der großen Küche gemeinsam ans Werk und dabei wird es eins auf jeden Fall – lecker!

Aber auch außerhalb seines Kochstudios schwingt Wessel regelmäßig den Kochlöffel. Als „Kok aan huis“ übernimmt er fremde Küchen und bereitet vor Ort das Menü zu. „Ich erzähle gerne am Tisch die Geschichte der Texeler Produzenten, die hinter den Zutaten stecken. Das macht die Insel für die Gäste noch einmal ganz anders erlebbar“, erklärt Wessel mit leuchtenden Augen. Und schlagartig wird klar, warum es heißt ‚Liebe geht durch den Magen‘.

**Pastorie De Waal**
Anet van den Elzen &
Wessel Holleman
Langwaal 2, 1793 AJ De Waal
pastoriedewaal.nl/

Rezept

# „Dicker Spekulatius“

## Dikke Speculaas

Zur Begrüßung reichen Anet & Wessel ihren Gästen gerne ein Stück „dicken Spekulatius“. Das Rezept stammt von Wessels Urgroßvater Albert Kikkert, der in Den Burg eine Bäckerei hatte. In ihrem Kochbuch „Het Ovenboek“ (Dishoeck 1982) hielt Wessels Mutter Ria Holleman-Kikkert es für die Nachwelt fest. Im Gegensatz zu seinem „dünnen“ Bruder ist dieser Spekulatius eher weich und besonders lecker. Kein Wunder, dass er früher bei keiner Sinterklaas-Feier der Familie fehlen durfte!

**Zutaten**
50 g Mandeln
50 g Zitronat
250 g Backmehl
Salz
½ EL Lebkuchengewürz
1 TL Zimt
150 g weißer Puderzucker
1 Pck Vanillezucker
100 g Butter
4 EL Milch

*1*
*Familienrezept: Dikke Speculaas*

## Zubereitung

Backblech mit Butter bestreichen. Die Mandeln in Wasser einweichen und pellen, 2/3 grob schneiden bzw. hacken. Das Zitronat klein schnippeln. Erst das Backmehl mit etwas Salz und den Gewürzen in eine Schüssel sieben, danach den Puder- und Vanillezucker. Die Butter mit zwei Messern in erbsengroße Stücke schneiden und hinzufügen. Danach drei Esslöffel Milch dazu und alle Zutaten miteinander verkneten.

Danach den Teig auf das Backblech geben und eine Figur formen bzw. eine Platte von ca. 20 x 30 cm. Die restliche Milch darauf verstreichen und die verbliebenen Mandeln hineindrücken (eventuell halbiert). Nun das Backblech in den vorgewärmten Ofen schieben und den Spekulatius in der vorgegebenen Zeit hellbraun gar backen lassen. Die Farbe bleibt heller, als man es von anderen Spekulatius-Rezepten gewöhnt ist, weil weißer Puderzucker statt brauner verwendet wird. Außerdem soll dieser Spekulatius ein bisschen weich sein.

Den Teig auf dem Backblech fast ganz auskühlen lassen und danach mit einem scharfen Messer lösen. Der Spekulatius darf dann auf einem Tortengitter oder einem Stück Aluminiumfolie weiter abkühlen.

Gasherd: Stufe 2 bis 3, 5 Minuten vorwärmen, Backblech mittlere Stufe, Backzeit 25 bis 30 Minuten

Elektrischer Ofen: Temperatur 150 bis 175 Grad, 10 Minuten vorwärmen, Backblech unter mittlerer Stufe, Backzeit 25 bis 30 Minuten

Heißluftofen: Temperatur 125 bis 150 Grad, 5 Minuten vorwärmen, Backzeit 25 bis 30 Minuten

Grill-Backofen: Stufe 5 bis 6, 5 Minuten vorwärmen, Backzeit 25 bis 30 Minuten

# Im Westen

*1*
*Nur zwei Dünenreihen trennen De Koogs lebendiges Zentrum vom Strand.*

# Im Westen


1 **Dorpsstraat De Koog,** Seite 90, 94
2 **Nationalpark Duinen van Texel,** Seite 91
3 **Surfschule Foamball,** Seite 91
4 **Manege Kikkert und Manege Elzenhof,** Seite 92
5 **Jan Plezier Texel,** Seite 92
6 **Calluna Schwimmparadies,** Seite 92
7 **Strandpavillon Paal 17,** Seite 92

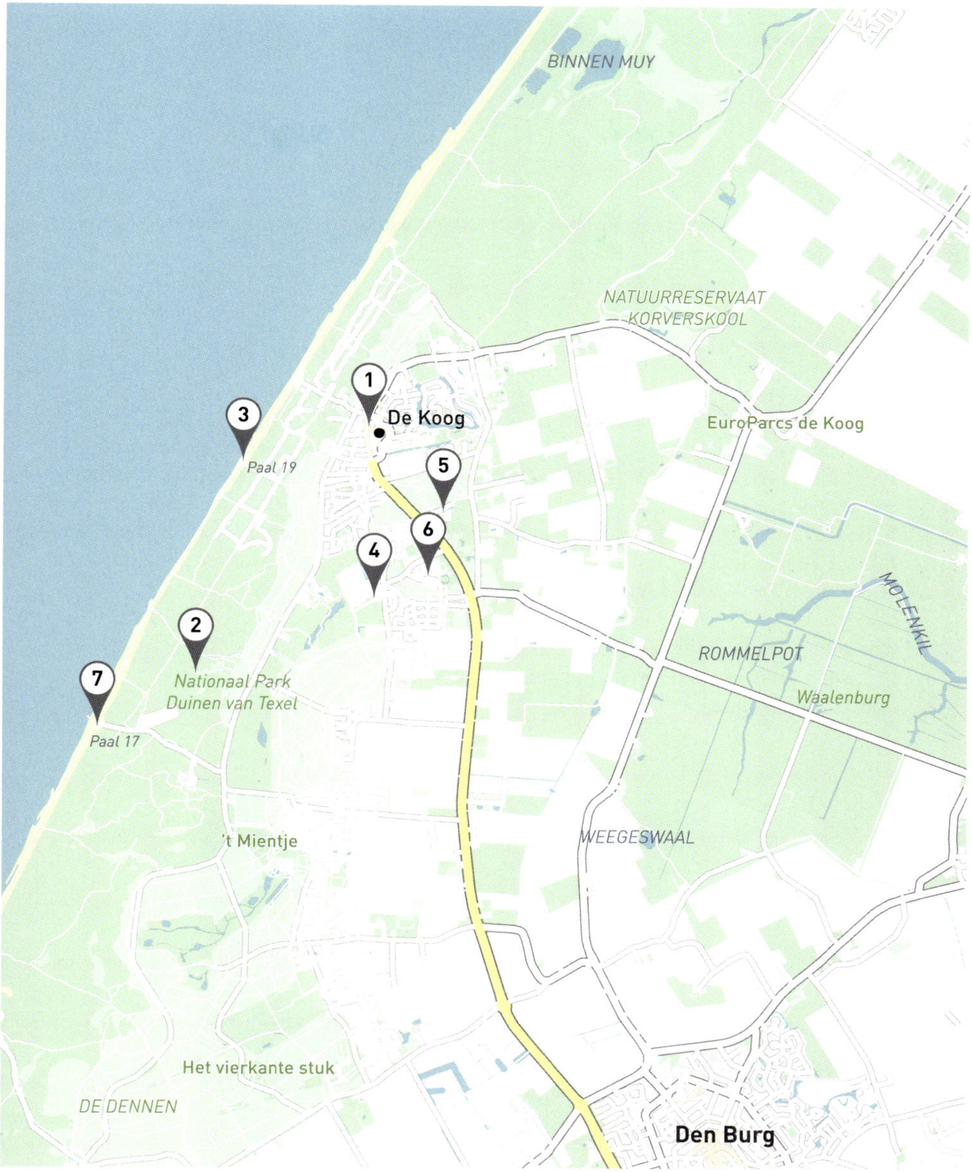
BINNEN MUY
NATUURRESERVAAT
KORVERSKOOL
1
De Koog
3
Paal 19
EuroParcs de Koog
5
6
4
MOLENKIL
2
ROMMELPOT
Nationaal Park
Duinen van Texel
7
Waalenburg
Paal 17
WEEGESWAAL
't Mientje
Het vierkante stuk
DE DENNEN
Den Burg

# De Koog: Direkt an Strand und Meer

*Als einziger Ort auf der Insel hat De Koog einen direkten Zugang zu den insgesamt 30 Kilometern Sandstrand an der Westküste von Texel.*

Nur durch zwei Dünenreihen vom Meer getrennt findet man hier alles, was einen typischen Badeort ausmacht. Sein pulsierendes Zentrum ist die Dorpsstraat: eine gemütliche Fußgängerzone mit einem bunten Mix aus netten Läden, gemütlichen Straßencafés und Restaurants, in der während der Saison auch abends ein buntes Treiben herrscht.

Als touristisches Zentrum der Insel bietet De Koog eine große Auswahl an Hotels, Appartements und Ferienanlagen. Zudem gibt es hier die Möglichkeit, auf einem großzügig angelegten Campingplatz direkt in den Dünen zu zelten. Doch nicht nur Strand und Meer befinden sich in De Koog in unmittelbarer Nähe: Auch mehrere Naturgebiete mit wunderschönen Rad- und Wanderwegen sind von hieraus nur einen Katzensprung entfernt.

1

*Pulsierendes Zentrum: Die Dorpsstraat in De Koog lädt mit ihren Geschäften, Cafés und Restaurants zum Bummeln und Verweilen ein.*

2

*De Koog liegt inmitten des Nationalparks „Duinen van Texel"*

3

*Fun pur beim Wellenreiten*

2

3

## Touristische Highlights

### Nationalpark Duinen van Texel

Rund um De Koog herum befindet sich der Nationalpark „Duinen van Texel". Er ist 4300 Hektar groß und erstreckt sich an der gesamten Westküste entlang – vom äußersten Südzipfel De Hors bis zur Nordspitze beim Leuchtturm. Hier findet man verschiedene Naturgebiete mit einer großen landschaftlichen Vielfalt, die zum Großteil für Besucher zugänglich sind. Man kann sie auf eigene Faust oder bei geführten Exkursionen entdecken.

npduinenvantexel.nl/297/de

### Wellenreiten & Yoga am Strand

Am Strandabschnitt Paal 19 bei De Koog bietet die „Surfschool Foamball" Unterricht im Wellenreiten an – sowohl für Anfänger als auch für Fortgeschrittene. Wer seine eigene Ausrüstung nicht mitbringen möchte, kann hier Surfboards und Wetsuits leihen. Auch Yoga gehört zum Angebot von Foamball: Mit den Füßen im Sand und dem Blick am Meer lässt die Entspannung nicht lange auf sich warten.

Am Strand bei Paal 19
surfschoolfoamball.com

### Strandausritt auf dem Pferderücken

Für einen flotten Galopp über den Strand oder eine entspannte Runde durch Dünen und Wälder bieten in De Koog drei Reitschulen die Möglichkeit, einen Ausritt zu buchen. Ein echtes Highlight für Fortgeschrittene: der Strandritt auf den Belgischen Kaltblütern von Jan Plezier.

Manege Kikkert, Bosrandweg 252, De Koog,
manegekikkert.nl
Manege Elzenhof, Bosrandweg 252, De Koog,
manege-elzenhof.nl
Jan Plezier Texel, Dorpsstraat 235, De Koog,
janpleziertexel.nl

### Schwimmspaß mit Rutsche

Falls das Wetter einmal nicht so mitspielt wie gewünscht, bietet das Indoor-Schwimmparadies Calluna eine tolle Abwechslung für Groß und Klein. Wasserratten erwartet hier ein großes Becken mit Wellenbad, eine Wildwasserbahn und eine 85 Meter lange Rutsche. Zur Entspannung laden zwei große Whirlpools mit Massagefunktion und die angrenzende Saunalandschaft ein.

Schumakersweg 3, 1796 NM De Koog,
kustpark-texel.de/der-park/einrichtungen/schwimmbad

### Festivals

Von Frühjahr bis in den Herbst finden am Strand von De Koog viele besondere Veranstaltungen statt. Ein besonderer Treffpunkt für Wassersport-Fans ist das dreitägige WAVES-Festival. Es findet Anfang Juni parallel zur weltgrößten Katamaran-Regatta „Ronde om Texel“ statt und kombiniert Action auf dem Wasser mit Party am Strand. Anfang Juli wird der Strand dann zum Tanzparadies: Mit den Füßen im Sand und dem Blick aufs Meer gibt es bei Sunbeats aktuellste Dance Hits auf die Ohren. Meterlange Wale, Eisbären und Pinguine bevölkern Anfang Oktober beim Drachenfestival den Luftraum über dem Strand. Ein wunderbares Erlebnis mit tollem Rahmenprogramm für die ganze Familie.

Strandabschnitt Paal 17
paal17.com/events/?lang=de

*1*
*Dance-Festival SunBeats am Strandabschnitt Paal 17*

# Willkommen in der Dorpsstraat!

*Lebendige Atmosphäre und Gaumenschmaus: Die Dorpsstraat in De Koog ist tagsüber ein Paradies zum Schlendern und Genießen, während sie abends zur Schlemmermeile mit vielfältigen Restaurants und gemütlichen Kneipen wird.*

Die Dorpsstraat ist das lebendige Herzstück von De Koog. Hier kann man auf einem gemütlichen Streifzug durch die Läden schlendern oder in eines der bunten Straßencafés einkehren. Die Plätze auf den geselligen Terrassen sind die „Places to Be", um gemeinsam eine entspannte Zeit zu verbringen und dabei das bunte Treiben auf der Straße an sich vorüberziehen zu lassen.

Gegen Abend verwandelt sich die Fußgängerzone in eine wahre Schlemmermeile. Tür an Tür findet man hier eine große Auswahl an Restaurants, die für jeden Wunsch etwas Leckeres in petto haben, sowie kleine Snackbars für den schnellen Hunger auf Pizza, Pommes & Co. Danach kann man den Tag in einer der beliebten Kneipen ausklingen lassen und typisch holländische Geselligkeit genießen.

1

*1*
*Das lebendige Zentrum von De Koog lädt tagsüber zum Shoppen und Bummeln ein.*

*2*
*Vom kleinen Hunger bis zum Mehrgängemenü: Auf der Dorpsstraat findet jeder etwas Leckeres.*

## Restaurants

### Oudeland Texel

Feine Küche mit Michelin-Empfehlung, die lokale und biologische Zutaten ohne unnötige Schnörkel zum Glänzen bringt: Mit diesem unaufgeregten Stil weiß Oudeland Texel den Gaumen zu überzeugen. Als leckere Entdeckungsreise empfiehlt sich das Überraschungsmenü.

Dorpsstraat 175, 1796 CC De Koog,
oudelandtexel.nl

### Brasserie Carakter

Ein spannender Mix aus klassischen und modernen Gerichten, gut ausgewählte Weine und leckere Cocktails sind hier das Geheimrezept für einen rundum gelungenen Abend. Ein echter Hingucker: das „charaktervolle" Interieur.

Dorpsstraat 80, 1796 BC De Koog,
caraktertexel.nl

### Sjans Texel

Seit vielen Jahren ist Sjans eine feste Institution in der Dorpsstraat. Im rustikalen Ambiente gibt es hier gut gemachte Küchen-Klassiker wie auch thailändische Spezialitäten. Nicht nur für deutsche Gäste: das „Wiedergutmachungs-Schnitzel".

Dorpsstraat 31, 1796 BA De Koog,
sjans-texel.nl

### Pollo De Koog

Wer erleben möchte, wie unvergleichlich gut ein Hühnchen schmecken kann, darf an dieser Tür nicht vorbeigehen. Chefkoch Vincent hat viele Jahre Spitzenküche in den Ring geworfen, um die leckersten Rezepte auf den Teller zu bringen – mit Erfolg!

Dorpsstraat 5A, 1796 BA De Koog,
pollodekoog.nl

### Brasserie Quinty's

Ein Drei-Gänge-Menü am Nachmittag? Bei Quinty's kein Problem, denn hier gilt ein durchgängiges à la-Carte-Angebot. Die Bandbreite reicht von Austern und Jakobsmuscheln über Iberico Ribs bis zu veganen Blumenkohl-Bites.

Dorpsstraat 147, 1796 CB De Koog,
quintys.nl

*1 Drinnen wie draußen findet man im Herzen von De Koog immer ein schönes Plätzchen.*

*2 Ein schönes Ambiente macht den Genuss perfekt.*

*3 Ob als Snack zwischendurch oder Begleitung eines Menüs: Pommes gehen immer.*

## Bars & Cafés

### Café De Jutter
Hier steht der Chef des Hauses nicht nur hinter der Bar, sondern singt auch gerne live für seine Gäste. Auf der „Playlist" stehen viele bekannte Klassiker, zu denen gerne mitgeträllert werden darf.

Dorpsstraat 144, 1796 CE De Koog,
facebook.com/CafeDeJutter

### Proeflokaal Onder de Pomp
Unter diesem Namen findet man ein waschechtes Beispiel für holländische Kneipenkultur: dunkelbraune Holzverkleidung, diverse (Spezial-)Biere vom Fass und urgemütliche Geselligkeit. Mehr braucht es nicht für einen schönen Abend.

Dorpsstraat 23, 1796 BA De Koog,
facebook.com/Proeflokaalonderdepomp

### De Toekomst
Ja, auf Texel gibt es auch eine Disco! In De Toekomst steht beinahe jedes Wochenende Party auf dem Programm und dazu finden regelmäßig einige bekannte Größen aus der Musikwelt ihren Weg auf die Insel.

Dorpsstraat 20, 1796 BB De Koog,
toekomstevents.nl

## Shoppen

### Zilt & Zo Lifestyle
Wer sein Zuhause im entspannten Texel-Stil einrichten möchte, findet hier die nötigen Zutaten. Natürliche Materialien, helle Farbtöne und unverkennbares Beachflair machen das vielfältige Angebot an Wohn-Accessoires aus.

Dorpsstraat 81, 1796 CA De Koog,
ziltenzotexel.nl

### Mantje Texel
Schon seit vielen Jahren ist Mantje das Texeler Synonym für hochwertige Kleidung. Auf mehreren Etagen findet sich hier alles, was das Shoppingherz begehrt: von wetterfester Outdoorkleidung bis zum schicken Fummel für Herren und Damen.

Dorpsstraat 71, 1796 CA De Koog,
mantjestore.nl

### Gute Laune
Hier ist der Name Programm. Ob Schals, Tuniken, Kleider oder Shirts: Das enorme Sortiment an Kleidung für die Frau von heute setzt bewusst auf fröhliche Muster und kunterbunte Farben. Hier steigt die Laune schon beim Stöbern.

Dorpsstraat 2, 1796 BB De Koog,
gutelaune.shop

*1*
*Die Dorpsstraat ist ein El Dorado für Deko-Fans.*

## Texel Culinair

# Schlemmer-Streifzug durch die Insel-Küchen

Am letzten Wochenende im September öffnet in der Fußgängerzone von De Koog die Schlemmermeile „Texel Culinair“ ihre Pforten. Küchencrews aus allen Teilen der Insel präsentieren hier ihre Kochkunst in Form von kleinen Gerichten, die überwiegend aus lokalen Produkten gefertigt werden.

Traditionell steht das dreitägige Fest unter einem bestimmten Thema, das den Besuchern die Möglichkeit bietet, die Insel-Spezialitäten auf ausgefallene oder überraschende Arten kennenzulernen. Dabei gibt es an jedem Stand immer mindestens ein Gericht, das maximal 3,50 EUR kostet, um das Event für jeden Geldbeutel bezahlbar zu machen.

Rund um die Stände der Teilnehmer wird zu Texel Culinair auch die Dorpsstraat mit viel Liebe dekoriert, so dass Besucher in stilechter Atmosphäre die enorme Vielfalt und Qualität der einheimischen Gastronomie genießen können. Für den besonderen Charme des Events sorgt zudem ein hochwertiges Rahmenprogramm, bei dem zahlreiche DJs und Bands die gesamte Dorpsstraat zum Swingen bringen.

Die Texeler Küchencrews wetteifern jedoch nicht nur um die Gunst der Besucher, sondern versuchen auch den Gaumen einer fachkundigen Jury zu beeindrucken. Das vierköpfige Gremium verleiht Auszeichnungen in den Kategorien „Bestes Gericht“, „Bestes Themengericht“, „Förderpreis“ und „Gesamtgewinner“. Die glücklichen Preisträger werden Sonntagmittag auf dem Platz vor der Kirche bekanntgegeben. Danach bleibt noch bis zum Abend Zeit, um spätestens dann alle preisgekrönten Gerichte zu verkosten.

**Texel Culinair**
Letztes Septemberwochende
(Freitag bis Sonntag),
Dorpsstraat De Koog, Eintritt frei,
texelculinair.nl

*1 Geselliges Treiben am Platz vor der Kirche*

*2 Gesamtgewinner Texel Culinar 2024: Oudeland Texel*

*3 Kleine Köstlichkeiten für jeden Geschmack*

Rezept

# Piri Piri – das „schärfste“ portugiesische Hähnchen auf Texel

Fast die gesamte Küste Portugals hat Vincent Hoekstra kulinarisch erkundet, immer auf der Suche nach dem besten Rezept für sein Piri Piri Huhn. Viele Jahre hat er zusammen mit seiner Frau das bekannte Restaurant „De Eilandkeuken“ geführt. Seit April 2020 geht er mit seinem Spezialitätenrestaurant POLLO neue Wege. Mit seinem Team zaubert er besondere Hähnchenrezepte, zum Beispiel mit heimischen Texeler Kräutern oder mit Trüffelhonig. Seine Freilandhühner kommen gut bei den Gästen in De Koog an. Für uns verrät er sein Lieblingsrezept:

## Piri Piri Hähnchen

### Marinade für 4 halbe Hähnchen

4 rote Chilischoten
¼ rote Rawit Chili
50 g geschälte Knoblauchzehen
1 TL geräuchertes Paprikapulver
1 TL getrocknetes Oregano
1 Lorbeerblatt
Prise Salz
1 Schuss Rotweinessig
1 TL Olivenöl
(Vincents Tipp: Olio di Sansa)

### Zubereitung

Alle Zutaten in den Mixer oder Thermomix geben und eine Minute auf Stufe 7 pürieren, bis eine cremige Marinade entsteht.

Für diejenigen, die keinen Grill für ihre Hähnchen haben, rät Vincent zu folgender Zubereitung:

- Die Hähnchen über Nacht (12 bis 24 Stunden) in Salzlake (10% Salz und 1% Zucker pro Liter) einlegen.
- Die Hühner im Ganzen in eine Auflaufform legen und vorher mit einer halben Zitrone, frischen Thymianzweigen und einer Knoblauchzehe füllen. Die Haut salzen, pfeffern und mit Kräutern nach Wahl einreiben.
- Etwas Butter in die Auflaufform geben und die Hähnchen während des Garens immer wieder damit beträufeln.
- Die Garzeit hängt vom Ofen und von der Größe des Hähnchens ab. Für 1 kg Hähnchen ist mit einer Garzeit von ca. 1 Stunde bei 180 Grad Ober-/Unterhitze zu rechnen.
- Die letzten 5 Minuten vor Ende der Garzeit werden die Hähnchen aus dem Ofen genommen, halbiert und reichlich mit der Piri-Piri-Marinade eingerieben. Danach kommen die Hähnchenhälften noch einmal für 5 Minuten in den Ofen.

*Eet smakelijk!*

*1*
*Für jeden Geschmack gibt es hier DAS perfekte Hähnchen.*

*2*
*Das gemütlich-schicke Ambiente lädt zum Verweilen ein.*

**POLLO**
Vincent Hoekstra, Dorpsstraat 5,
1796 BA De Koog,
**pollodekoog.nl**

# Im Norden

1
*Der Leuchtturm: Texels Wahrzeichen an der Nordspitze der Insel*

# Im Norden


1 **De Cocksdorp,** Seite 108
2 **Bauernhof & Campingplatz Hoeve Nieuw Breda,** Seite 112
3 **Eierland,** Seite 116
4 **Stokerij TX,** Seite 118
5 **De Tesselse Oesterman, Treffpunkt,** Seite 120
6 **Ijsboerderij Labora,** Seite 124

TEXEL
3
Eierlandse Duinen
1
5
Eierlandse Duinen
De Cocksdorp
6
De Slufter
2
HOGEZANDSKIL
Texel International Airport
NATUURRESERVAAT KORVERSKOOL
De Koog
BINNENZWIN
4
WESTERKOLK
WAGEJOT
Oosterend
Waalenburg
De Waal

# De Cocksdorp: Treffpunkt von Nordsee und Wattenmeer

*Das nördlichste Dorf von Texel ist zugleich das jüngste der Insel.*

Bei seiner Gründung im Jahre 1835 trug es zunächst den Namen „Nieuwdorp“ (Neudorf), nur wenig später wurde es jedoch in De Cocksdorp umgetauft. Dies geschah zu Ehren des Antwerpener Kaufmanns und Reeders Nicolas De Cock, der für die Eindeichung des Polders Eierland sorgte und damit buchstäblich den Boden für das Dorf bereitete.

Auf der zentralen Kikkertstraat findet man verschiedene Restaurants und Geschäfte sowie einen Wasserspielplatz, auf dem sich Kinder wunderbar die Zeit vertreiben können. In den Monaten Juli und August findet hier jeden Donnerstag der ‚Durper Markt‘ statt. Nur kurz außerhalb von De Cocksdorp liegt eines der bekanntesten Wahrzeichen der Insel: der rote Leuchtturm „Vuurtoren“, der die Nordspitze der Insel markiert. Von oben hat man einen herrlichen Ausblick über Texel, die Nachbarinsel Vlieland und den Treffpunkt von Nordsee und Wattenmeer.

*1*
*Die markante „Waddenkerk“ an der Kikkertstraat*

*2*
*Vogelinformationszentrum*

*3*
*Der idyllische Steg zur Fähre nach Vlieland*

*4*
*Kunst im Garten der Eiland Galerij*

3

4

## Touristische Highlights

### Vogelinformationszentrum

Der Norden von Texel ist nicht nur bei Touristen, sondern auch bei den unterschiedlichsten Vogelarten äußerst beliebt. Wer diese kennenlernen möchte, kann sich an eine der verschiedenen Exkursionen anschließen, die das Vogelinformationszentrum in De Cocksdorp rund ums Jahr veranstaltet. Für Erwachsene wie auch für Kinder ein unvergessliches Naturerlebnis!

Kikkertstraat 42-44, 1795 AE De Cocksdorp,
**vogelinformatiecentrum.nl**

### Eiland Galerij

In der ehemaligen Schule von Zuid-Eierland aus dem Jahre 1912 findet man die Galerie der Künstler Niek Welboren und Kerstin Edelmann. Neben der besonderen „Osterinsel-Ausstellung" gibt es hier ein historisches Klassenzimmer, das originalgetreu restauriert und ausgestattet wurde. Ein echter Geheimtipp ist der Garten hinter dem Haus, der zu einer kleinen Kunstwanderung einlädt.

Postweg 72, 1795 JR De Cocksdorp, Mit Eintritt.
**eilandgalerij.nl**

### Fähre nach Vlieland

Von einem malerischen Holzsteg aus setzt das Fährboot mit dem sprechenden Namen „De Vriendschap" (Freundschaft) in der Saison täglich für einen Tagestrip zur Nachbarinsel Vlieland über. Nach rund anderthalb Stunden Fahrt wird man auf der Sandplatte Vliehors von einem Truck abgeholt und zum Posthuys gebracht, von wo man auf eigene Faust losziehen kann. Abends geht es wieder zurück nach Texel.

Volharding 2A, 1795 LH De Cocksdorp,
**waddenveer.nl**

## Gastrotipps

### Meneer de Cock
„Hausgemacht“ ist das Geheimrezept dieses Café-Bistros. Täglich gibt es hier frisch gebackenen Kuchen aber auch herzhafte Köstlichkeiten wie Brote, Salate und Pokebowls. Das Highlight: der Lebkuchen nach traditionellem Texeler Rezept.

Kikkertstraat 19, 1795 AA De Cocksdorp,
meneerdecock.nl

### Eetcafé de Rog
Ob für einen entspannten Zwischenstopp oder ein gemütliches Essen: Auf der Karte von De Rog ist für jeden Geschmack etwas dabei. Das feste Angebot wird von wechselnden Tagesspezialitäten aufgelockert. Die Atmosphäre: rustikal und familiär.

Kikkertstraat 28, 1795 AD De Cocksdorp,
derog.nl

### La Isla Tapas
Im Herzen von De Cocksdorp heißt es hier „speisen wie in Spanien“ oder kurz gesagt „Texel Tapas“. Gäste haben hier die Wahl zwischen Klassikern der spanischen Tapasküche, die man ideal zu einem Glas Texeler Bier genießen kann.

Kikkertstraat 1, 1795 AA De Cocksdorp,
tapas-texel.nl

### Restaurant RJ
Das Restaurant auf dem Campingplatz De Robbenjager setzt auf eine ebenso ehrliche wie hochwertige Küche. Hier kann man in modernem Ambiente zum Mittag- und Abendessen einkehren oder einfach nur ein Glas Wein oder Bier genießen.

Camping De Robbenjager, Vuurtorenweg 148,
1795 LN De Cocksdorp,
duinparkderobbenjager.nl

### Restaurant ‘t Hanenhuus
Nicht nur für Golfer: Das Restaurant im Golfclubhaus bietet sowohl eine abwechslungsreiche Speise- und Weinkarte, als auch eine unvergleichliche Aussicht auf die umringenden Dünen und den angrenzenden Golfplatz De Texelse.

Roggeslootweg 3, 1795 JX De Cocksdorp,
krim-texel.de/texel/restaurants-texel/t-hanenhuus

1
*Auf Texel sind solche Verführungen oft liebevoll hausgemacht.*

# Exportschlager aus Eierland: Pflanzkartoffeln für alle Welt

*Die „Pootaardappelen“ von Texel werden in über 80 Länder weltweit verkauft.*

Im Norden von Texel, inmitten des Polders „Eierland“, ist die Familie von Arnold Langeveld zu Hause. Ihr Leben ist Sinnbild für die typische Symbiose von Landwirtschaft und Tourismus, wie sie auf Texel in vielen unterschiedlichen Ausprägungen zu finden ist.

1929 siedelten sich Arnolds Großeltern auf dem Bauernhof „Nieuw Breda“ an und bauten hier einen klassischen Betrieb aus Ackerbau und Viehhaltung auf. Kurz nach dem Krieg übernahm Arnolds Vater die Bewirtschaftung des Hofes. „Man war immer davon abhängig, was andere für die eigenen Produkte bezahlen wollten – das hat meinem Vater nie gefallen“, erinnert sich Arnold. Daher entschlossen sich seine Eltern Ende der 1950er Jahre, Zimmer an Gäste zu vermieten. Viele von ihnen kamen auch damals schon aus Deutschland. Von Anfang an funktionierte dieses Konzept prima und schon bald wurde eine Pension neben dem Wohnhaus errichtet.

„Im Sommer wanderte unser Hausrat für sechs bis acht Wochen in die Pension und danach wieder zurück. Wir wuchsen quasi mit unseren Gästen auf, denn viele kamen jedes Jahr. Das war eine super gesellige Zeit“, erzählt Arnold mit leuchtenden Augen. Ein Brand machte die Pension zu Beginn der 1970er Jahre dem Erdboden gleich. Nach einigem behördlichen Hin und Her wurde an gleicher Stelle schließlich ein Hotel errichtet. Mit 20 Zimmern und – eigenem Mobiliar.

> *„Im Sommer wanderte unser Hausrat in die Pension und danach wieder zurück.“*
>
> Arnold Langeveld

Arnold sollte später einmal das Hotel übernehmen und sein älterer Bruder den Bauernhof. Doch letztlich kam es genau andersherum. „Auf dem Hof meiner Freundin Annemiek lernte ich einen modernen landwirtschaftlichen Betrieb kennen. Das hat mich vom ersten

*1*
*Arnolds Sohn Pieter lebt die Kartoffel-Leidenschaft in zweiter Generation.*

1

Moment an begeistert", weiß Arnold noch genau. Gemeinsam mit Annemiek, die seine Ehefrau wurde, begann er den elterlichen Hof zu bewirtschaften. Und startete mit dem Anbau von Pflanzkartoffeln, die zur Aussaat neuer Kartoffelpflanzen dienen.

Mit dieser Entscheidung nahm der Betrieb an Fahrt auf: Von 5 Hektar wuchs die Anbaufläche schnell auf 9 Hektar. Parallel dazu musste die Infrastruktur aufgebaut werden. „Zu Beginn habe ich zusammen mit meinem Nachbarn eine kleine Sortiermaschine gekauft. Mit der Zeit folgte dann die erste eigene Halle, um die Kartoffeln zu lagern, und eine große Sortiermaschine", erzählt Arnold mit Stolz. Und das zurecht, denn seine Pflanzkartoffeln sind ein echter Exportschlager.

In über 80 Länder rund um den Globus werden die „Pootaardappelen" aus Texel verkauft. Zudem startete der Betrieb einige Jahre später auch mit dem Anbau von Speisekartoffeln. Diese werden bei Lays für die Herstellung von Chips verwendet. „Unsere Produktionsmengen sind viel zu groß, um auf Texel abgenommen zu werden. 95% geht aufs Festland", erklärt Arnolds Sohn Pieter.

Mittlerweile hat er den Hof von seinem Vater übernommen und baut aktuell auf 60 Hektar Kartoffeln an. Und auch im Hotel ist bereits die nächste Langeveld-Generation am Steuer. „Meine Tochter Marianne war schon als kleines Kind Feuer und Flamme für das Hotel. Als mein Bruder den Betrieb aufgab, haben wir ihn übernommen. Das war ein enormer Schritt", erzählt Arnold von diesem Wagnis. Doch auch hier wurde der Mut schließlich mit Erfolg belohnt.

Die Familie entschied sich zum Bau eines neuen, deutlich größeren Hotels. 2014 eröffnete am Ort der früheren Pension schließlich das Boutique Hotel Texel seine Türen. Und auch auf dem hauseigenen Bauernhof-Campingplatz sind Gäste immer willkommen. „Jeder in unserer Familie ist halb Bauer, halb Gastgeber", erklärt Arnold mit einem Lachen. Kein Wunder, dass man sich hier so zu Hause fühlt...

*1*
*In Eierland herrschen große landwirtschaftliche Flächen vor.*

*2*
*Hotel-Restaurant „Gusta"*

*2*
*Boutique Hotel Texel*

**Bauernhof & Campingplatz Hoeve Nieuw Breda**
Annemiek & Arnold Langeveld
Postweg 132, 1795 JS De Cocksdorp
camping-texel.com

### Arnolds Lieblingsort auf Texel

# Eierland: Von der Insel zum Polder

Sobald man nördlich von De Koog den ehemaligen Deich „Ruigendijk“ überquert, gelangt man in den Polder Eierland. Der Norden von Texel war früher eine eigenständige Insel, die bis zum 13. Jahrhundert zu Texels Nachbarinsel Vlieland gehörte. Sie verdankt ihren Namen einer große Möwenkolonie, deren Eier im 17. und 18. Jahrhundert in großen Mengen gesammelt und nach Amsterdam verkauft wurden. Rund 30.000 Eier landeten pro Jahr in den dortigen Bäckereien.

1629/1630 wurde zwischen Texel und der Insel Eierland im Auftrag der Staaten von Holland ein Flugsanddeich angelegt. Dahinter bildete sich ein weitläufiges Wattengebiet, das mit der Zeit teils auch für die Beweidung von Schafen genutzt werden konnte. Die Einpolderung geschah rund zwei Jahrhunderte später: Gemeinsam mit anderen Unternehmern kaufte der Antwerpener Kaufmann und Reeder Nicolas De Cock dem Staat das Gebiet ab und ließ es eindeichen. Rund 1850 entstand so entlang der heutigen Küstenlinie eine geschlossene Dünenreihe.

Auf der Straße „Postweg“, die parallel dazu verläuft, wurde noch bis ins Jahr 1927 die Post für Vlieland transportiert. Die Fährverbindung zur Nachbarinsel wird heutzutage vor allem für touristische Zwecke genutzt und bietet eine tolle Möglichkeit für einen Tagesausflug.

Tipp: Auf der Radroute „Hinter dem Rugediek“ kann man per Fahrrad die Entstehungsgeschichte der Insel entdecken. Die Beschreibung findet man in der Broschüre Inselrouten. Sie ist im Ladenlokal des VVV Texel erhältlich.

1
*Der Leuchtturm markiert die Spitze des Polders Eierland.*

Texels Gin

# Von der Kartoffelscheune in die Karibik – und zurück

Auf Texel hatte früher fast jeder Bauernhof eine eigene Brennerei. In ihr wurden Erntereste in ein hochprozentiges Destillat verwandelt, mit dem sich die Bauern in den kalten Wintermonaten auch von innen wärmen konnten. In Form der Destillerie „Stokerij TX“ wurde diese Tradition in ein neues Zeitalter überführt.

Der Startschuss fiel 2015 in der Kartoffelscheune des Bauernhofs „Nieuw Breda“ von Arnold Langeveld. Aus Pflanzkartoffeln, die den strengen Kriterien für den Export nicht genügten, begannen die Gründer Jaco Spek und Kees Groenewoud Gin zu brennen. Als typische Texel-Aromen fügten sie lokale Botanicals wie Sanddorn und Holunderblüten hinzu – und trafen damit genau den Geschmack der Zeit. In kürzester Zeit war der „TX Gin“ nicht nur auf Texel ein echter Renner, sondern eroberte auch das Festland.

Es folgte die Entwicklung weiterer hochprozentiger Köstlichkeiten sowie der Umzug an einen neuen, deutlich größeren Produktionsstandort in Oosterend. Neben mehreren leckeren Likören und einem hauseigenen Jenever gehören nun auch ein Kräuterbitter sowie ein Wodka mit dem Markennamen „TX“ zum Sortiment.

Das besondere Highlight ist jedoch der „Ocean Aged TX Gin“ – in Weinfässer abgefüllter TX Gin, der per Segelschiff einmal in die Karibik und zurück reist. Diese Art des Transports führt zu einem bis zu acht Mal schnellerem Reifen von alkoholischen Getränken als es bei der Lagerung an Land der Fall ist. Der weitgereiste Gin überrascht bei einem Alkoholgehalt von 44% mit einem äußerst sanften und vollmundigen Geschmack.

**Stokerij TX**
Slotskolk 22C, 1794 BG Oosterend
txtexel.nl

1

2

3

*1*
*Kees Groenewouds Tochter Inge hat die Liebe zum Gin übernommen.*

*2*
*Weit gereist: der Ocean Aged TX Gin*

*3*
*TX Gin Tonic besonders stilecht serviert*

# Feinkost zum Selbersammeln: Auf Exkursion mit dem Texeler Austernmann

*Pures Wattglück: Schatzsuche nach den Delikatessen des Meeres*

„Sind das schwarze Steine oder Austern? Als Laie weiß man das anfangs nicht so genau. Aber kommt mit, ich helfe Euch bei der Suche nach den richtigen Delikatessen“, eröffnet Martin Zeeman seine Exkursion durch das Wattenmeer.

Die Sonne wirft ihr warmes Licht auf das flache Wasser des Wattenmeeres, wo die Entdeckungsreise für Gourmets gleichermaßen wie für Naturliebhaber beginnt. An der Nordspitze von Texel, unweit des Dorfes De Cocksdorp, hat sich eine Schar Abenteuerlustiger versammelt, um unter der Leitung des Texeler Austernmanns Martin Zeeman den Schatz der Küste zu heben: die Auster.

Das Wattenmeer, eine Landschaft, die sich mit jeder Tide verändert, bildet die Kulisse für diesen besonderen Ausflug. Zeeman betreibt in Den Burg das Delikatessengeschäft „Smakelijk & Meer“ und ist auch sonst ein Freund des guten Geschmacks. Als Kenner des Meeres und seiner Geheimnisse führt er zu Fuß durch das Watt, durch schlammige Pfade und zwischen Wasserlachen hindurch, die wie Spiegel glänzen. Hier, wo das Meer den Tisch gedeckt hat, beginnt die Schatzsuche mit Forke und Eimer. Der Weg kann manchmal anstrengend sein, wenn man etwas tiefer in den Schlick eintaucht. Aber Spaß macht es auf jeden Fall!

Gesammelt wird die „Pazifische Felsenauster“, besser bekannt unter dem französischen Namen „Creuse“. In der Schlichtheit ihrer rauen Schalen liegen die Austern nach etwa hundert Metern Fußmarsch durch das Watt zum Sammeln bereit – wenn man sie denn erkennt. Die Schalentiere sind Meister der Tarnung und ihre Entdeckung gleicht einer spannenden Herausforderung. Die Jagd nach ihnen erfordert Geschick und Aufmerksamkeit, denn die Austern sitzen fest im Watt und verlangen den Sammlern einiges ab. Sie aus ihrem natürlichen Versteck zu befreien, ohne das Gleichgewicht zu verlieren und dem Wattboden ungewollt zu nahe zu kommen, erfordert ganze Konzentration.

*1*
*Austern-Experte Martin Zeeman auf Schatzsuche im Watt*

*2*
*Pazifische Felsenauster*

Zurück am Deich erwartet die Exkursionsteilnehmer ein gedeckter Picknicktisch. Darauf reihen sich frisch geputzte Austern aneinander, bereit zum Probieren. In geselliger Runde werden sie von prickelndem Sekt und knusprigem Brot begleitet. Dazu reicht Martin Dips und Leckereien aus seinem Feinkostgeschäft. Jetzt darf geschlürft werden! Jeder Schlürf, begleitet von einem Glas prickelndem Sekt, lässt die Anstrengung der Suche in puren Genuss umschlagen. Martin, der nicht nur Sammler, sondern auch ein Meister der Zubereitung ist, philosophiert über seine Lieblingsrezepte und entführt die Teilnehmer in Geschichten aus der Meeresbiologie. Anschaulich zeigt er, wie man eine Auster am besten öffnet. Wer möchte, kann sich mit Kettenhandschuhen und Austernmesser unter fachkundiger Anleitung selbst ans Werk machen.

Und wie steht es um die heiß begehrten Austernperlen? Vor einiger Zeit erlebte Martin Zeeman einen ungewöhnlichen Fund, der für großes Aufsehen sorgte. Auf einem seiner Streifzüge stieß er auf eine Auster, die anstelle einer Delikatesse einen verborgenen Schatz barg: eine stattliche Perle. Diese seltene Kostbarkeit entsteht, wenn sich eine Auster gegen Eindringlinge wie Sandkörner wehrt und sie in schimmerndes Perlmutt hüllt. „Eigentlich ist eine Perle nur ein ziemlich teures Sandkorn“, erklärt Martin augenzwinkernd. „Aber trotzdem ist so ein Fund eine große Überraschung. Denn die Wahrscheinlichkeit, dass eine Perle entsteht, liegt nur bei 1:10.000.“

**De Tesselse Oesterman**
detesselseoesterman.nl
Treffpunkt der Exkursion:
Lancasterdijk bei De Cocksdorp
am Denkmal „Bliksemschicht“

*1*
*Im Watt warten die Austern auf glückliche Finder.*

*2*
*Ohne Kettenhandschuhe keine Austern*

*3*
*Frischer geht's nicht!*

*4*
*Von der Nordsee auf den Picknicktisch: Austernverkostung mit Meerblick*

**Feinkostgeschäft Smakelijk & Meer**
Waalderstraat 18, 1791 EC Den Burg
smakelijkenmeer.nl

### Eiszeit auf Texel

# Laboras süße Verführung direkt vom Bauernhof

Im Polder Eierland, im Norden von Texel, liegt die Eisfabrik Labora. Dieser besondere Bauernhof stellt einige der besten Eissorten der Insel her.

Mit bis zu tausend Besuchern an sonnigen Tagen ist er ein Anziehungspunkt für Feinschmecker und Bauernhofliebhaber.

Die Geschichte von Labora begann im Jahr 2000, als die Besitzer Piet und Anneke Rodenburg zusammen mit ihrem Sohn Christian beschlossen, Eis aus der Milch ihrer eigenen Kühe herzustellen. Qualität steht an erster Stelle: Neben frischer Sahne und Milch aus eigener Produktion werden nur natürliche Zutaten verwendet. Das Ergebnis? Ein Eis mit einem vollen, reinen Geschmack, ohne künstliche Farb- und Konservierungsstoffe.

Das Eis von Labora ist nicht nur auf dem Bauernhof beliebt. Es hat seinen Weg in viele Museen, Campingplätze und Restaurants der Insel gefunden. Besonders hervorzuheben sind die einzigartigen Geschmacksrichtungen, die typisch für Texel sind, wie zum Beispiel das Kaffee-Sahneeis, das mit dem lokal hergestellten Karamellikör ‚Strender Stropertje' verfeinert wird. Und für Menschen mit besonderen diätischen Bedürfnissen bietet Labora auch zuckerfreie Varianten auf Sojabasis an.

Neben der Eistheke im Labora lädt ein Garten an warmen Tagen zum Entspannen mit einem leckeren Eis ein. Für Kinder gibt es einen großen Spielplatz. Im Kuhstall kann man die moderne Melktechnik bestaunen, bei der hochmoderne Roboter das Melken übernehmen und die Kühe selbst entscheiden, wann es Zeit ist. Ein faszinierendes Schauspiel, das den Fortschritt in der Landwirtschaft zeigt.

**Ijsboerderij Labora**
Hollandseweg 2,
1795 LE De Cocksdorp
ijsboerderijlabora.nl/de

*1*
*Eingang zum Eissalon*

*2*
*Becher oder Hörnchen? Beides möglich.*

*3*
*Die Sortenvielfalt macht die Entscheidung schwer.*

# Im Osten

*1*
*Die Mühle „Het Noorden" trieb früher die Entwässerungspumpen an.*

# Im Osten

1 **Oosterend,** Seite 130, 142
2 **Op Oost (Restaurant und Hotel),** Seite 134
3 **Brouwerij TX,** Seite 136
4 **Natuur Goed,** Seite 138
5 **Oudeschild,** Seite 144
6 **Voedselbos,** Seite 148
7 **Parkplatz Horsmeertjes, De Hors,** Seite 152
8 **TX10 – TX20 Krabbenfischen, Haven,** Seite 154
9 **Brouwerij Texels,** Seite 158
10 **Fischmärkte,** Seite 160
11 **Beach Food Festival,** Seite 162

NATUURRESERVAAT
KORVERSKOOL
De Koog
BINNENZWIN
WESTERKOLK
WAGEJOT
Oosterend
Nationaal Park
Duinen van Texel
Waalenburg
De Waal
DE LEEMPUT
Den Burg
Ottersaat
WADDENHAVEN TEXEL
Oudeschild
Den Hoorn
De Hors Texel
NOORDERHAVEN
ZUIDERHAVEN
Oudeschild

# Oosterend: Die Insel-Schönheit

*Mit seinen malerischen Gassen, gesäumt von historischen Fassaden, scheint Oosterend buchstäblich einem Postkartenmotiv entsprungen zu sein. Kein Wunder, dass es als das schönste Dorf von Texel gilt.*

In seinem Zentrum thront stattlich die mittelalterliche Maartenskerk, drumherum findet man kleine Geschäfte und gemütliche gastronomische Angebote.

Früher lebten die Einwohner Oosterends von der Fischerei nach Austern und Seetang, da sich in unmittelbarer Nähe ein Hafen befand. Nach seiner Verschlickung zog die Fischerei nach Oudeschild, doch noch heute leben viele Kutterfischer in diesem „alten Fischerdorf".

Im Sommer findet im Herzen von Oosterend jährlich das Live-Musikfest Strenderpop statt, im Winter ein gemütlicher Weihnachtsmarkt. Alle fünf Jahre geht es zudem beim Dorffest „Oosterend Present" richtig hoch her. Sein traditionelles Highlight ist das historische Schauspiel, das von hunderten Dorfbewohnern gemeinsam auf dem Festplatz aufgeführt wird.

1

2

## Touristische Highlights

### Maartenskerk

Die Maartenskerk wurde zu Beginn des 11. Jahrhunderts errichtet und ist damit die älteste Kirche der Insel. Ihr Inneres kann zu den Öffnungszeiten besichtigt werden, zudem finden hier regelmäßig musikalische Veranstaltungen statt. In Oosterend gab es früher sieben Kirchen unterschiedlicher Glaubensgemeinschaften, darum trägt es den Beinamen „Jerusalem des Nordens". Heutzutage sind es noch drei Kirchen.

Kerkstraat 2, 1794 AM Oosterend

### Seezeichen „Ijzeren Kaap"

Im Jahr 1854 wurde am Wattendeich bei Oosterend das feuerlose Seezeichen „Ijzeren Kaap" (Eisernes Kap) errichtet. Es diente zur Orientierung für die Schifffahrt, da es gemeinsam mit einem Kirchturm im Dorf eine so genannte Bakenlinie bildete. Erst in den 1970er Jahren wurde es durch eine Feuerbake ersetzt, die auch nachts sichtbar ist und so für mehr Sicherheit sorgt.

Wattendeich, 1790 AA Oosterend

### Mühle „Het Noorden"

Als so genannte Poldermühle war die Aufgabe von „Het Noorden" über viele Jahrzehnte nicht das Mahlen von Getreide, sondern die Entwässerung der Insel im nordöstlichen Teil. Demnach wurde sie 1878 erbaut, um Süßwasser von der Insel ins Meer hinauszupumpen. In den 1960er Jahren löste eine automatische Pumpstation in der Nähe die Mühle ab.

Stuifweg 4, 1794 HB Oosterend

*1*
*Idylle pur in Oosterend*

*2*
*Eingang zur Maartenskerk*

*3*
*„Ijzeren Kaap"*

*4*
*Mühle „Het Noorden"*

## Gastrotipps

### Het Cafeetje

Das „kleine Café“ gegenüber der Maartenskerk ist der ideale Zwischenstopp auf einer Radtour. Auf der großen Gartenterrasse kann man kleine Snacks und Getränke aber auch abwechslungsreiche Tellergerichte genießen.

Kerkstraat 7, 1794 AM Oosterend,
hetcafeetje.nl

### Strends End

Am Rande von Oosterend gelegen ist dieses Café-Restaurant ideal für ein gemeinsames Essen mit der Familie. Der Star der Speisekarte: Pfannkuchen. Doch auch wer „richtig“ essen möchte, kommt hier ganz auf seine Kosten.

Achtertune 9, 1794 BL Oosterend,
strendsendtexel.nl

### Bistro ’t Kerckeplein

Lokale Produkte sind im Bistro ’t Kerckeplein die Highlights der Karte. In gemütlichem Ambiente heißt es hier entspannt genießen. Und das gilt vor allem für Weinliebhaber, denn auch Spitzenweine sind hier per Glas erhältlich.

Oesterstraat 6, 1794 AR Oosterend,
bistro-texel.nl/nl

### Floris

Im völlig neu gestalteten Restaurant des Hotels Prins Hendrik werden Gäste von einer abwechslungsreichen Karte überrascht, die Genuss auf hohem Niveau bietet. Auch köstliche vegane Gerichte sind für das Küchenteam kein Problem.

Hotel & Bungalowpark Prins Hendrik,
Stuifweg 13, 1794 HA Oosterend,
prins-hendrik.nl

*1*
*Ob Lamm, Rind oder Schwein: In den Gastronomien der Insel kommt vielerorts nur lokal produziertes Fleisch auf den Teller.*

Im Zeichen der Auster

# Kulinarischer Genuss am Texeler Wattendeich

Im Kookatelier Op Oost in Oosterend entfaltet sich die Essenz der „nordisch-botanischen Küche".

Wo im 18. Jahrhundert ein blühender Handel mit Austern und Meeresalgen das Leben prägte, kreieren Valerie und Küchenchef Joram kulinarische Meisterwerke, bei denen Nachhaltigkeit und lokale Produkte im Vordergrund stehen.

Op Oost versteht sich als kreative Bühne, auf der aus einfachen Zutaten ein facettenreiches Aromenspiel entsteht. Das 15-Gänge-Überraschungsmenü mit essbaren Blüten, Kräutern aus dem eigenen Garten und fangfrischem Fisch und Meeresfrüchten aus dem nahen Texeler Wattenmeer verkörpert eine tiefe Verbundenheit mit der Natur. Die Kontraste in Geschmack und Textur jedes Gerichts sind ein klares Bekenntnis zu Qualität und Herkunft der Produkte. Das Prinzip ‚kop tot staart' und ‚kop tot graat' (von Kopf bis Schwanz und Gräte) zeigt den respektvollen Umgang mit den Ressourcen und unterstreicht die Philosophie des Hauses: Jede Zutat hat ihren Wert und trägt zum Gesamterlebnis bei.

Die Küche von Op Oost ist verwurzelt in der Tradition des Wildsammelns und der nachhaltigen Nutzung des eigenen Gartens. Täglich frisch gepflückte Kräuter wie Sauerampfer, Wiesenkerbel und Portulak bereichern nicht nur die Gerichte, sondern auch das Verständnis und die Wertschätzung für die lokale Flora. Durch die enge Zusammenarbeit mit lokalen Produzenten wird die Küche zum Spiegel der Insel, ihrer Geschichte und ihrer Natur.

**Op Oost (Restaurant und Hotel)**
Valerie Jongeneel &
Joram Timmerman
Oost 76, 1794 GN Oosterend
opoost.nl

*1*
*Kreativer Teller: Die essbaren Elemente sind von der Deko kaum zu unterscheiden.*

*2*
*Restaurant und Hotel Op Oost*

**Spezielles Spezialbier**

# Aus Freude am Besonderen

„Spezialbiere, die anders sind als andere" lautet das Motto der Brouwerij TX und das hat sicherlich mit ihren Wurzeln zu tun.

Denn die Brauerei teilt sich nicht nur den Produktionsstandort mit der Destillerie „Stokerij TX", sondern auch ihre Ideengeber. Und die sind immer auf der Suche nach neuen Dingen, die sie selbst begeistern.

So produziert die Brauerei mit dem „TX Steambock" das weltweit erste Bockbier, das nach Dampfbier-Methode gebraut wird. Hierbei bringt man das zu Beginn niedergärige Bier stufenweise auf eine höhere Temperatur. Das Ergebnis ist ein besonderes Bouquet an Röstmalz-Aromen, ein runder Geschmack und eine dunkel-rubinrote Farbe. Doch damit nicht genug: Auch Fässer, in denen zuvor „Ocean Aged Gin" gelagert wurde, kommen in der Brauerei zum Einsatz. Der erste Versuch, den TX Steambock darin reifen zu lassen, wurde ein voller Erfolg. Der „TX Barrel Aged Bock" begeistert bei 11,2% Alkohol mit einem ausgefallenen Geschmacksmix aus Gin, Holz, Lakritz und Karamell.

Das traditionelle Handwerk bleibt hier jedoch keinesfalls auf der Strecke: Mit Nico Derks hält in der Brouwerij TX ein erfahrener Braumeister das Zepter in der Hand. Unter seiner fachkundigen Leitung werden zwei Mal pro Woche jeweils rund 2000 Liter Bier gebraut. Zudem gibt er im Rahmen von Führungen persönlich Einblicke in die Entstehung seiner besonderen Spezialbiere. Vor Ort gibt es eine Probierstube, in der das gesamte TX-Sortiment von Brauerei und Destillerie verkostet werden kann, sowie einen Laden für den Verkauf.

*1*
*Braumeister Nico und Brauerei-Mitgründer Kees machen der Texeler Bierszene Dampf.*

**Brouwerij TX**
Slotskolk 22C, 1794 BG Oosterend
txtexel.nl

# Wild und wunderbar: Gaumenfreuden im Garten von Texels Natuur Goed

*Von der Natur lernen: Mit Conradine de Reus auf Texel essbare Landschaften gestalten und die Inselküche neu entdecken*

Leise plätschert der Tee in die Tasse. Umgeben von blühenden Blumen und summenden Bienen bereitet Conradine de Reus unter sonnigem Himmel in ihrem Garten „Natuur Goed" eine besondere Teezeit für ihre Gäste zu.

„Früher wusste man, was in der Umgebung wächst und wie man es verwenden kann. Diese Verbindung zur Natur möchten wir wiederbeleben", sagt sie, während sie liebevoll die Kräuterblätter in der Teekanne arrangiert.

Conradine ist gelernte Gärtnerin und Gartendesignerin. Gemeinsam mit ihrem Mann Siem hat sie einen Naturgarten mit essbaren Pflanzen auf einem Hektar Inselland angelegt, das sie von Siems Vater übernommen haben. Hier wird den Besuchern gezeigt, dass leckere und nahrhafte Zutaten nicht immer von weit herkommen müssen. Stattdessen steht das im Mittelpunkt, was die Natur direkt bietet. Von Gänseblümchen und Löwenzahn bis hin zu Brennnesseln – all diese Pflanzen, die oft als Unkraut abgetan werden, entpuppen sich als köstliche Zutaten für Salate, Tees und Sandwiches.

## Mehr als nur ein Garten

Wichtig ist den beiden, dass die Natur selbst bestimmt, wo und wie etwas wachsen und gedeihen will. „Das glaubt man kaum, wenn man sich so umschaut, oder?", fragt Conradine lächelnd und genießt die staunenden Blicke ihrer Gäste, die bei einem naturbelassenen Garten vielleicht ein wild wucherndes Chaos erwartet hätten. „Nur 50 Prozent haben wir selbst gepflanzt, den Rest bringt die Natur hervor. Aber ein bisschen Ordnung muss sein. Das bringt Ruhe in den Garten."

Das Angebot von Natuur Goed ist vielfältig: praktische Workshops für die Pflege des eigenen Naturgartens zu Hause, Kräuterführungen, Teeverkostungen aus dem Naturgarten und Kochworkshops unter dem Motto „Essen aus und in der Natur".

*1*
*Teatime im Grünen mit selbstgepflückten Kräutern*

Die Kochworkshops von Conradine und Siem führen mit viel Wissenswertem über essbare Pflanzen und deren Zubereitung durch den Garten. Mit Körben ausgestattet pflücken und sammeln die Gäste die Zutaten für ihr Mittagessen selbst. Das Essen wird gemeinsam unter freiem Himmel zubereitet – ein authentisches und interaktives Erlebnis. Die beste Zeit für einen Besuch ist im Frühling oder Herbst, wenn die Natur auf Texel am lebendigsten ist. Dann sprießen neue Pflanzen, Kräuter, Blüten und die Früchte werden reif.

Die Philosophie des Paares ist tief in der Tradition und im Respekt vor der Natur verwurzelt. Conradine legt großen Wert darauf, die heimischen Pflanzen zu kennen und zu nutzen. Die leidenschaftliche Gärtnerin lehrt, den eigenen Garten zu verstehen und zu bearbeiten, und regt so zu einem nachhaltigeren und bewussteren Lebensstil an. In ihren Workshops geht es nicht nur ums Kochen, sondern um eine Lebensweise, die die Verbindung zur Natur stärkt. Die Besucher erleben nicht nur ein fantastisches Kocherlebnis mit und in der Natur, sondern bekommen von Conradine auch leckere Rezepte mit nach Hause, wie Kräuterbutter oder Pesto aus Malve, Spitzwegerich und Gurkenkraut.

Rezept

# Löwenzahn-Marmelade

Das begehrte Rezept für Löwenzahnmarmelade von Conradine de Reus kann man nachkochen:

## Zutaten

50 Löwenzahnblüten
0,20 l Wasser
1 Orange
10 Tropfen Zitronensaft
100 g Zucker
Gelatine oder Agar Agar

## Zubereitung

Die grünen Teile vom Löwenzahn entfernen. Ein bisschen Orangenschale abraspeln und die Orange auspressen. Die Gelatine einweichen lassen oder Agar Agar ansetzen. Den Saft zusammen mit Wasser, Zucker, Zitrone und Orange in einem Topf zum Kochen bringen. Die Blätter der Löwenzahnblüten hinzugeben und 15 Minuten kochen lassen. Gelatine oder Agar Agar hinzufügen, wenn die Marmelade nur noch leise kocht. Auf Gläser verteilen. Schmeckt wunderbar auf Toast oder im Joghurt. Die Gläser sind ein Jahr haltbar.

Wirkung: Der (ganze) Löwenzahn wirkt u.a. appetitanregend und blutreinigend. Hilft bei Blähgefühl, Leber- und Gallenproblemen, Hämorrhoiden und rheumatischen Beschwerden. Die Wirkung ist von der Art der Anwendung und individuellen Eigenschaften abhängig.

1
*Nachhaltig & genussvoll: Die Philosophie von Conradine & Siem de Reus*

2
*Kräuterküche im Grünen*

3
*Überall laden Orte zum Verweilen ein.*

4
*Durchdachte Gartenplanung und Wildwuchs im perfekten Gleichgewicht*

2

3

4

**Natuur Goed**
Koningsweg 4, 1794 HN Oosterend
Anmeldung erforderlich
natuurgoed.org

### Wettkampf am Räucherofen

# Von Tradition, Handwerk und Genuss

Beim jährlichen „Strender Visrook Wedstrijd" dreht sich einen Tag lang alles um den perfekten Räucherfisch.

Über zwei Runden versuchen die angetretenen Teams bei diesem traditionellen Wettbewerb, die Fachjury von ihrem Können zu überzeugen. Zur Bewertung stehen neben dem Geschmack unter anderem der Garpunkt, das gründliche Ausnehmen sowie der sorgfältige Umgang mit dem Produkt.

Der Startschuss fällt mit dem Glockenschlag um 10 Uhr: Jetzt darf das Feuer in den Räucheröfen entfacht werden. Ab rund halb zwölf sind die ersten geräucherten Fische fertig. Vormittags steht Knurrhahn auf dem Plan, nachmittags geht Seezunge in den Rauch. Zur Bewertung stellt jedes Team der Jury drei Fische vor, die von den Mitgliedern blind verkostet werden. Gegen 17 Uhr stehen schließlich Sieger und Platzierte fest.

Der Wettbewerb ist aber nicht nur für Teilnehmer ein spannendes Erlebnis. Auch Besuchern bietet sich hier die tolle Möglichkeit, einen Blick hinter die Kulissen des Fischräucherns zu erhaschen. So gibt es nicht nur die verschiedensten Ofenkonstruktionen zu bewundern, sondern es bleibt auch Zeit zum Fachsimpeln und Austauschen von Tipps. An einem zentralen Verkaufsstand können die Räucherfische außerdem vor Ort gekauft und probiert werden, der Erlös geht an einen guten Zweck.

Interessant für Feinschmecker: Alle zubereiteten Fische stammen von den Texeler Fischkuttern TX 14, 19 und 36, die diese gefangen haben und eigens für den Räucherwettbewerb beisteuern.

**Fischräucherwettbewerb „Strender Visrook Wedstrijd"**
2. Samstag im September
Muzieknis Oosterend,
Zugang über Oranjestraat 10

*1*
*Räucherofen unter Volldampf*

*2*
*Sorgfältige Vorbereitung für ein perfektes Aroma*

# Oudeschild: Der Hafen von Texel

*Schon vor Jahrhunderten war dieser Ort Anlaufpunkt für Schiffe aus aller Welt und auch heute dreht sich noch alles um das Leben auf dem Wasser.*

Die Seefahrt spielte in Oudeschild von Beginn an eine bedeutende Rolle. Als einziges Dorf liegt es direkt am Meer und ist Heimathafen der Texeler Fischereiflotte.

Von hier aus starten täglich unterschiedliche touristische Rundfahrten aufs Meer, bei denen man zum Beispiel Seehunde besuchen oder den Krabbenfischern über die Schulter schauen kann. Zudem befindet sich hier auch ein großzügiger Yachthafen mit rund 200 Liegeplätzen und einem tollen Wasser-Spielplatz für Kinder.

Vor dem Bau des Hafens im Jahre 1780 war das Meer vor Oudeschild über viele Jahrhunderte einer der meistfrequentierten Ankerplätze der Welt. Segelschiffe aus allen Herren Länder legten auf der „Reede von Texel" an, um sich zu bevorraten und bei günstigen Winden ihre Reise in alle Himmelsrichtungen anzutreten. Vor allem zur Zeit der Niederländischen Ostindien-Kompagnie (VOC) erlebte Oudeschild seine Blütezeit, die man unweit des Hafens im Museum Kaap Skil nachempfinden kann.

1

*1*
*Der malerische Hafen von Oudeschild*

*2*
*Historische Wasserquellen*

*3*
*Fort De Schans*

*4*
*Das „Skillepaadje" führt von Oudeschild zu den Wezenputten.*

## Touristische Highlights

### Wezenputten

Das Trinkwasser von Texel war zu VOC-Zeiten sehr beliebt, da es dank seines hohen Eisengehalts lange haltbar blieb. Es wurde in Fässern von den „Wezenputten" („Waisenquellen") per Boot bis zum Deich transportiert und dort auf die Schiffe geladen. Die Einnahmen gingen zugunsten des Waisenhauses in Den Burg. Noch heute können die Quellen gegenüber von Landgut Brakestein besichtigt werden.

Buitenplaats Brakestein, Skillepaadje 18, 1792 CN Oudeschild

### Fort De Schans

Täglich legten auf der Reede von Texel dutzende Handelsschiffe mit wertvollen Waren an. Zu ihrer Verteidigung errichtete Wilhelm von Oranien 1574 das Fort „De Schans". 1811 ließ Napoleon das Fort vergrößern und um zwei weitere Festungen ergänzen, um den Kampf gegen England zu unterstützen. Die historische Anlage kann von Sonnenauf- bis untergang kostenlos besichtigt werden.

Eingang über Schansweg, Oudeschild, **natuurmonumenten.nl/natuurgebieden/fort-de-schans**

### „Vom Hoge Berg zum Hafen"

Unter dem Titel „Vom Hoge Berg zum Hafen" gibt es eine spannende Rad- und Wanderroute rund um Oudeschild, auf der man die Geschichte der Gegend auf eigene Faust entdecken kann. Die Route wird von Schildern markiert, die die Besonderheiten der Landschaft mit Bild und Text erläutern. Ein geeigneter Anfang ist das Museum Kaap Skil, wo kostenlose Flyer zur Route erhältlich sind.

Heemskerckstraat 9, 1792 AA Oudeschild, **hogebergtexel.nl/de/museum-kaap-skil/startpunt-museum-kaap-skil**

## Gastrotipps

### ’t Pakhuus

Das Restaurant in direkter Hafenlage wird seit mehreren Jahren von Michelin und Gault & Millau empfohlen und hat zurecht den Ruf als Texels beste Adresse für gehobene Fisch-Spezialitäten. Highlight: die mehrgängigen Überraschungs-Menüs.

Haven 8, 1792 AE Oudeschild,
pakhuus.com

### De Compagnie

Sowohl aus dem gemütlichen Inneren als auch von der schönen Terrasse bietet sich ein toller Ausblick über Yachthafen und Meer. Die Speisekarte lässt Groß und Klein das Wasser im Munde zusammenlaufen, zudem sorgt regelmäßig Live-Musik für gute Stimmung.

Haven 20, 1792 AE Oudeschild,
decompagnietexel.nl

### De Kombuis

Direkt am Hafenbecken gelegen findet man hier rund um den Tag eine ideale Anlaufstelle, um die Aussicht und dabei zusätzlich lokale Köstlichkeiten zu genießen. Der Fisch stammt selbstredend von der Texeler Fischerflotte.

Haven 10, 1792 AE Oudeschild,
kombuistexel.nl

1
Liebhaber von frischem Fisch und Meersfrüchten kommen auf Texel voll auf ihre Kosten

# Erdbeerrot und Himbeerduft: Ein fruchtiges Erlebnis für Klein und Groß

*Im Voedselbos kann man die Natur mit allen Sinnen genießen.*

Alles begann mit dem gut gemeinten Hilfsangebot eines Kunden als am Verkaufsstand von Jacco Boersens Eltern gerade die Erdbeeren ausverkauft waren: „Ich kann die Erdbeeren auch eben selber pflücken“.

Jacco lacht als er den entscheidenden Satz dieses eingefleischten Erdbeerfans zum Besten gibt. Denn er legte den Grundstein für eine Entwicklung, die vom einfachen Erdbeerfeld zu einem sechs Hektar großen Naturerlebnis führte. Seit der Gründung des „Zelfpluktuin“ (Selbstpflückgarten) im Jahr 1994 hat sich der besondere Garten zu einem Paradies für Obst- und Naturliebhaber entwickelt, in dem die Verbundenheit mit der Natur nicht nur spürbar, sondern auch erlebbar ist.

Vor einigen Jahren übernahm Jacco die Leitung des Familienbetriebs und gab dem Garten einen Namen, der seiner heutigen Größe mehr gerecht wird: Voedselbos (frei übersetzt Nahrungsgarten). Zudem reicherte er das gedankliche Erbe seiner Eltern um ein modernes Nachhaltigkeitsbewusstsein an. Denn der Voedselbos ist nicht weniger als das Ergebnis eines Lebenswerks, das darauf abzielt, den nachfolgenden Generationen sowohl Land und Nahrung, als auch Wissen und Respekt für die Natur zu hinterlassen. Die Verwendung von organischem Dünger, die Förderung einer großen Biodiversität und der nachhaltige Umgang mit Ressourcen sind darum wichtige Säulen für die Arbeit, die im Garten geschieht.

Mit mehr als 3000 Bäumen, 5000 Sträuchern und 25.000 Pflanzen ist der Voedselbos ein Kaleidoskop der Artenvielfalt. Die stolze Ernte von Obst und Gemüse von 20.000 Kilogramm pro Jahr zeugt von der Fruchtbarkeit des Texeler Bodens und der Sorgfalt, mit der Jacco und seine Mitarbeiter den Garten pflegen.

Besucher des Voedselbos können hier mehr als 100 verschiedene Obst-, Gemüse-, Blumen-, Nuss- und Kräutersorten kennenlernen und je nach Saison probieren. Die Vielfalt ist überwältigend und spiegelt das Engagement wider,

*1*
*Voedselbos-Inhaber Jacco Boersen mit seiner Mutter: Familientradition seit 1994.*

*2*
*Bereit für die Ernte*

*3*
*Selbst pflücken & genießen!*

im Nahrungsgarten ein breites Spektrum an Geschmäckern und Erlebnissen zu bieten. Von Mai bis November, wenn die Erntezeit ihren Höhepunkt erreicht, wird der Garten zu einem lebendigen Treffpunkt. Mit Körben bewaffnet wandert man durch die angelegten Felder, pflückt und erfährt dabei Wissenswertes über Früchte und Pflanzen.

Aber man kann hier auch einfach nur die Seele baumeln lassen und die faszinierenden Sinneswahrnehmungen genießen. Denn in den Feldern des Voedselbos erwartet Besucher ein beeindruckendes Zusammenspiel von Farben und Düften. Hier reifen tiefrote Erdbeeren, die verführerisch in der Sonne glänzen, neben Himbeeren, die sich im Wind wiegen und deren zartes Aroma dezent in der Luft liegt. Darunter liegt das Brummen der wilden Hummeln, die von Blüte zu Blüte fliegen.

Der Voedselbos ist auch ein Ort der Begegnung, des Lernens und des Genießens. Kinder können auf dem Lehrpfad „Kabouterpad" mit roten Koboldmützen ausgestattet den Weg vom Samen bis zur Marmelade verfolgen, während Erwachsene im Hofladen handverlesene Köstlichkeiten einkaufen oder im Hofcafé eine Pause einlegen. Das begehbare Gewächshaus ist ein Fenster in die Vielfalt der Pflanzenwelt und das Gurkengewächshaus bietet sogar einen romantischen Rahmen für Hochzeiten.

Was Jaccos Eltern einst für ihre eigenen Kinder erschufen, führt Jacco heute fort, um es mit allen Besuchern zu teilen, die den Voedselbos betreten. Im Garten seiner Familie sind Groß und Klein eingeladen, Natur zu erleben, Obst und Gemüse zu ernten, zu spielen, einzukaufen oder einfach nur zu sein. Willkommen an einem Ort, der zeigt, wie die Liebe zur Natur Generationen überdauert und an dem man gern verweilt.

*1*
*Auf der Pflückroute zum frischestem Obst & Gemüse*

*2*
*Café im Voedselbos*

*3*
*Hofladen-Genuss: Regionale Köstlichkeiten zum Entdecken*

**Voedselbos**
Middellandseweg 4, 1792 CG Oudeschild
**zelfpluktuin.nl**

### Jaccos Lieblingsort auf Texel

# Naturgebiet De Hors

Im äußersten Süden von Texel befindet sich das Naturgebiet De Hors.

Man muss ein bisschen Fußmarsch auf sich nehmen, um durch die Dünen die weit ausgestreckte Sandplatte zu erreichen, die sich hier bis zum Meer hin ausdehnt. Aber dort angekommen, wird man mit einer spektakulären Aussicht belohnt. Das gegenüberliegende Festland Den Helder scheint zum Greifen nahe und mit guten Augen (oder einem Fernglas) kann man auch die südlich von Texel gelegene Sandplatte Noorderhaaks erkennen, auf der Seehunde in großer Zahl Pause vom Schwimmen machen.

Früher war auch De Hors eine eigenständige Sandplatte, die Mitte des 18. Jahrhunderts an Texel anwuchs. Bei einem Spaziergang kann man beobachten wie durch das Zusammenspiel von Sand und Wind neue Dünen entstehen. Den Anfang machen kleine Stücke Sand, auf denen sich salzwasserresistente Strand-Quecke ansiedelt. In ihnen verfängt sich angewehter Sand, so dass es zur Bildung kleiner Hügel kommt. Sobald diese groß genug sind, dass süßes Regenwasser darin gespeichert werden kann, siedelt sich Strandhafer darauf an. Dieser kann größere Mengen neuen Sand festhalten, so dass die Dünenbildung schneller voranschreitet.

**Startpunkt für Wanderungen:**
Parkplatz Horsmeertjes,
Mokweg, Den Hoorn

Tipp: Ab dem Parkplatz Horsmeertjes führen mehrere Wanderrouten durch den wilden Süden der Insel. Einen schönen Überblick bietet die blaue Route (3,8 Kilometer). Sie führt zwischen den Horsmeertjes-Seen hindurch bis nach De Hors und von hieraus an einem der beiden Seen entlang wieder zurück zum Startpunkt.

1
*Im Naturgebiet De Hors kann man besonders gut das Entstehen neuer Dünen beobachten.*

# Krabbenfischen: Eine besondere Entdeckungstour auf dem Wattenmeer

*Eine salzige Brise, Wind in den Haaren und der endlose Horizont vor Augen – auf Texel erlebt man ein einzigartiges Abenteuer: Krabbenfischen auf einem traditionellen Kutter.*

Ausgangspunkt der Exkursion ist der Hafen von Oudeschild. Seit Ende des 19. Jahrhunderts ist er die Heimat der Texeler Fischereiflotte und bietet eine interessante Mischung aus Berufsschiffen, Fischerbooten und Ausflugsschiffen, wie die Krabbenkutter TX10 „Emmi“ und TX20 „Walrus“. Sie nehmen Gäste zum Krabbenfischen mit auf die Nordsee. Dank ihres flachen Bodens gleiten sie geschmeidig durch die seichten Gewässer des Wattenmeeres, ihre robuste Bauweise wappnet sie gegen die Launen der See. Die Motoren dröhnen und es kribbelt unter den Füßen, wenn der Krabbenkutter den Hafen verlässt. Langsam geht es hinaus auf die Nordsee. Das Schiff hat neben dem Innenraum mit Toilette verschiedene Ebenen, auf denen man Platz findet oder an der Reling stehend den Blick aufs Meer genießen kann. Herzstück des Kutters sind die Fangnetze und die Sortier- und Kochanlage in der Mitte.

Sobald die Netze ins Wasser gleiten, beginnt ein Schauspiel, das so alt ist wie die Fischerei selbst. An langen Stangen rechts und links des Kutters sinken die Schleppnetze langsam ins Meer. Mit geöffneten Netzen fahren die Kutter weiter durch die Nordsee. Wenn die Crew sich anschickt, die gefüllten Netze vom Meeresgrund an Bord zu ziehen, führen die Möwen ein besonderes Ballett und Konzert auf. Die Netze, gefüllt mit Krabben und einer bunten Vielfalt von Meeresbewohnern, sind ein lebendiges Mosaik des Wattenmeeres.

Jeder Fang erzählt seine eigene Geschichte, offenbart ein Stück des geheimnisvollen Lebens unter der Wasseroberfläche. Krabbenfischen auf Texel mit der TX 10 oder TX 20 ist mehr als nur Fischen. Es ist ein lehrreicher Ausflug, vor allem für Kinder. Wie in einem Klassenzimmer in der Natur lernt man viel über die verschiedenen Meeresbewohner, aber auch über die Bedeutung von Nachhaltigkeit und

*1*
*Krabbenkutter TX 20 im Hafen von Oudeschild*

*„Sobald die Netze ins Wasser gleiten, beginnt ein Schauspiel.“*

den respektvollen Umgang mit der Natur. Das sorgfältige Zurücksetzen des Beifangs ins Meer zeugt von Respekt vor dem Meer und schafft ein Bewusstsein für ökologische Verantwortung. Nur die Krabben bleiben an Bord.

Kulinarischer Höhepunkt der Tour ist das Krabbenkochen an Bord. Die Zubereitung der fangfrischen Krabben nach traditioneller Art ist ein Fest für die Sinne. Der Duft des Meeres vermischt sich mit dem Aroma der kochenden Krabben und schafft eine rustikale Atmosphäre. Kapitän und Mannschaft zeigen, wie die Krabben schnell und einfach gepult werden – auch wenn das in der Praxis oft schwieriger ist, als es die Profis vormachen.

Nach der Rückkehr in den Hafen von Oudeschild bleibt das Erlebnis lebendig. Der Geschmack des Meeres liegt noch auf der Zunge. Das Echo der Wellen klingt im Ohr. Das Abenteuer Krabbenfischen auf Texel endet mit einem besonderen Geschenk. Eine Tüte mit fangfrischen Krabben begleitet die Gäste nach Hause.

**TX10 – TX20 Krabbenfischen und Robbenbeobachtung**
Haven 8, 1792 AE Oudeschild
garnalenvissenoptexel.nl/de

*1*

*1*
*Vom Hafen aus gehts direkt aufs Wattenmeer.*

*2*
*Die TX 20 wartet auf ihre Gäste.*

*3*
*Unterwegs lernt man viel über das Leben im Meer.*

*4*
*Wer mag, darf eine Portion frische Krabben mitnehmen.*

### Von Schaumkronen und Sonnenaufgängen

# Geschmackserlebnis in der Texelse Bierbrouwerij

Zwischen Den Burg und Oudeschild liegt die Texelse Bierbrouwerij. Seit 1999 steht sie für handwerkliche Braukunst und Inseltradition und zieht jährlich mehr als 30.000 Besucher an.

Das Aushängeschild der Brauerei ist das „Skuumkoppe", ein Weizenbier, das sich durch seine charakteristische Obergärung und die Verwendung verschiedener Hopfensorten von anderen Weizenbieren unterscheidet. Der Name, der auf die weißen Schaumkronen auf den Wellen der rauen See vor Texel anspielt, spiegelt sich im vollmundigen Geschmack wider, der durch die ungefilterte Nachgärung in der Flasche erreicht wird.

Neben dem „Skuumkoppe" bietet die Brauerei eine Reihe von Spezialbieren an. Das „Blond" überrascht mit einem Hauch Meerfenchel, der ihm einen mild-würzigen Charakter verleiht. Das „Bock" beeindruckt durch seine rubinrote Farbe und Karamellnoten, während das „Dubbel" durch seinen samtig-süßen Abgang besticht. Nicht zu vergessen das „Goudkoppe", das mit seinem leicht bitteren Abgang und der leuchtend goldenen Farbe an einen Sonnenaufgang über dem Wattenmeer erinnert.

Ein Besuch in der Brauerei ist eine Geschmacksreise und ein Ausflug in die Braukunst: Bei einer Führung können die Besucher den kupferroten Sudkessel, den Gärkeller und die Abfüllstation erkunden und dabei Wissenswertes über die Geschichte der Brauerei und den Brauprozess erfahren. Nach der Führung lädt die Probierstube dazu ein, verschiedene Texels Biere zu verkosten.

2

**Brouwerij Texels**
Schilderweg 214b,
1792 CK Oudeschild
texels.de

*1*
*Vollmundig und ungefiltert: Skuumkoppe*

*2*
*Texeler Brauereiführung: Geheimnisse der Bierbraukunst entdecken*

Fangfrischer Fisch

# Vom Meer direkt auf den Teller oder in die Hand

Die Geschichte Texels war lange Zeit von der Fischerei geprägt, die vor dem Aufkommen des Tourismus eine der Haupteinnahmequellen war.

Heute sind es nur noch wenige Kutter, die von Oudeschild aus regelmäßig in See stechen, um in der Nordsee beliebte Fische wie Scholle, Seezunge und Hering zu fangen und im Wattenmeer nach Garnelen und anderen Meeresfrüchten zu fischen. Sei es für den Verzehr vor Ort oder den Einkauf für die heimische Küche: Rund um den Hafen finden Liebhaber von frischem Fisch ein paar „leckere" Adressen.

„De Texelse Visspecialist" bietet eine große Auswahl an frischem, geräuchertem und mariniertem Fisch, der auf einer 18 Meter langen Theke präsentiert wird. Qualität und Geschmack stehen im Mittelpunkt, ergänzt durch traditionelle Verarbeitung. Während „De Texelse Visspecialist" im Winter geschlossen ist, bleibt „De Oude Vismarkt" das ganze Jahr über geöffnet. Er bietet ein nostalgisches Erlebnis mit einer Auswahl an frischem, geräuchertem und frittiertem Fisch sowie Krusten- und Schalentieren. Durch die Fenster können die Besucher die professionelle Fischverarbeitung beobachten, bei der der Fisch für den Verkauf und die lokalen Restaurants vorbereitet wird.

Im „Vispaleis & Rokerij Van der Star" genießt man rustikal belegte Fischbrötchen, hausgemachte Fischsuppe, gebackenen Kibbeling oder komplette Fischmenüs mit Pommes frites und Salat. Besonders hervorzuheben ist die hauseigene Räucherei, in der täglich frischer Fisch wie Aal, Lachs, Scholle, Rotzunge und Sliptong nach traditioneller Art mit Fichten- und Buchenholzspänen geräuchert wird.

*1*
*Bestseller auf Texel: Matjes*

*2 + 3*
*Wo „Vis“ draufsteht, ist auch „Fisch“ drin.*

*4*
*Lecker! Frische Krabben*

**De Texelse Visspecialist**
Schilderweg 214b, 1792 CK Oudeschild
detexelsevisspecialist.nl

**De Oude Vismarkt**
deoudevismarkt.nl

**Vispaleis & Rokerij Van der Star**
Heemskerckstraat 15, 1792 AA Oudeschild
vispaleistexel.nl

Beach Food Festival

# Strand-Picknick am Wattenhafen

Street Food Veranstaltungen sind ein beliebter Trend. Beim Beach Food Festival versteht man es, daraus ein Event zu zaubern, bei dem die besten Seiten von Texel miteinander verknüpft werden: entspanntes Strandfeeling, prächtiger Meerblick und beste, lokale Produkte, die mit viel Liebe zu köstlichen Gerichten verarbeitet werden.

Denn Nachhaltigkeit wird hier auch beim Genießen großgeschrieben. So stammen alle Fische, Krebs- und Schalentiere aus dem umringenden Meer und beim Fleisch wird auf eine biologische bzw. lokale Herkunft geachtet. Zudem gibt es an jedem Stand mindestens ein vegetarisches Gericht, auch diverse vegane Optionen werden angeboten. Nicht zuletzt stammen die teilnehmenden Küchenchefs und Cateringunternehmen überwiegend von der Insel. Sie tauschen ihre Indoorküchen gegen den idyllischen Strand neben dem Yachthafen ein, um vor Ort eine große Bandbreite an Köstlichkeiten zu zaubern.

Mit seiner idyllischen Deko aus Strandhäuschen, Sitzsäcken und Sonnenschirmen wirkt das Beach Food Festival wie eine moderne Form des beliebten Strandpicknicks: die Füße im Sand, der Blick auf dem Meer und dazu leckerstes Beach Food. On top gibt es kleine Verkaufsstände und ein musikalisches Rahmenprogramm, das für eine relaxte Beach-Atmosphäre sorgt. Spielspaß ohne Grenzen für Kinder bieten ein großer Wasserspielplatz, ein „Piratenschiff" und ein Pannacourt direkt am Yachthafen. Und für die Großen heißt es hier, einfach mal entspannt die Seele baumeln lassen.

**Beach Food Festival**
Mitte Juli, Freitag bis Sonntag
Strand Waddenhaven Oudeschild,
Eintritt frei
beachfoodfestival.nl

1
*Genussvoll schlemmen und dabei das Treiben auf dem Meer beobachten*

# Aktive Kulinarik

1

*1*
*In der Natur von Texel findet man viele besondere Genuss-Momente.*

**Echt Texels Produkt**

# Die kulinarische Radroute

Nirgendwo sonst in den Niederlanden gibt es auf so engem Raum so viele hochwertige regionale Produkte wie auf Texel. Beste Voraussetzungen also, um sich die besten Zutaten für ein leckeres Essen à la Texel zusammenzuradeln. Der Verein „Echt Texels Produkt" (Echtes Texeler Produkt) hat zu diesem Zweck eine Radtour entwickelt, die auf einer Nordrunde (60 km) und einer Südrunde (40 km) an mehreren kulinarischen Haltepunkten entlangführt. Qualität und Nachhaltigkeit sind dabei die Schlüsselworte. Die im Verein organisierten Mitglieder sind entweder auf der Insel ansässig oder produzieren bzw. verarbeiten Texel-typische Spezialitäten.

Da es sich jeweils um einen Rundkurs handelt, kann man von unterschiedlichen Punkten aus in die jeweilige Tour starten. Besonders gut eignet sich dafür jedoch das zentral gelegene Den Burg, da beide Strecken hier entlangführen. Entscheidet man sich für die Südrunde geht es durch das Waldgebiet De Dennen, das Künstlerdorf Den Hoorn und zum Hafen von Oudeschild. Ganz nach persönlichem Geschmack kann man hier Lammfleisch und Käse von verschiedenen Erzeugern einkaufen aber auch Kartoffeln, Spargel und Erdbeeren direkt vom Feld, fangfrischen Fisch und diverse Spezialbiere und Kräuterbitter.

Die Nordrunde geht wiederum durch De Waal, Oosterend, De Cocksdorp und De Koog. Hier kann man seinen Einkaufskorb mit lokal erzeugtem Lamm- und Rindfleisch, diversem frischem Obst und Gemüse, hausgemachtem Milcheis in köstlichen Geschmackvarianten, Tee aus einem naturbelassenen Garten sowie Texeler Gin, Wodka und – natürlich – Spezialbieren befüllen.

**Download Radroute „Echt Texels Produkt"**
www.echttexelsprodukt.nl/images/downloads/ETP-fietskaart%20 2023_binnen-HR2.pdf

1
Auf den Radrouten von „Echt Texels Produkt“ kann man sich seine Mahlzeiten zusammenradeln.

Biertour

# Streifzug durch Texels Brauereien

Schon gewusst? Texel hat insgesamt fünf Bierbrauereien. Für Liebhaber außergewöhnlicher Spezialbiere bietet die Biertour eine tolle Möglichkeit, einige von ihnen kennenzulernen. Sie macht an drei Stationen Halt und ermöglicht interessante Einblicke in die einzelnen Brauhäuser. Nicht zuletzt bietet sie natürlich auch ausreichend Gelegenheiten zum Probieren.

## Mit Chauffeur über die Insel

Die kulinarische Reise beginnt bei der Texelse Bierbrouwerij in Oudeschild, die unter anderem für das leckere Skuumkoppe bekannt ist. Von hier aus geht es mit dem Bus nach Den Burg zum Café De Zwaan. Dort befindet sich seit Herbst 2023 eine Probierstube, in der man die Biere aller fünf Insel-Brauhäuser verkosten kann. Mit einem Augenzwinkern bezeichnet sich die Probierstube selbst als die erste „flüssige Touristeninformation".

Im Rahmen der Biertour gibt es für die Teilnehmer hier Biere der folgenden drei Brauereien:

- Brauerei TX aus Oosterend
- Familienbrauerei Tesselaar aus Den Burg
- Brauerei Ouwe Skilder aus Oudeschild

Weiter geht die Biertour zur Brauerei De Boei in Den Hoorn. Der Braumeister erzählt persönlich vom Brauprozess und den Bieren, die hier in kleinen Auflagen entstehen. Auch ein Blick in die angrenzende Destillerie darf dabei nicht fehlen.

Die Tour endet wieder am Startpunkt, wo die Teilnehmer ein Paket mit vier ausgewählten Texeler Bieren erhalten – ein Stück Geschmacksvielfalt für zu Hause und eine Erinnerung an diese genussvolle Biertour.

*1*
*Dank der großen Brauereivielfalt kommt auf Texel jeder Bierfan auf seine Kosten*

**Tickets für die Biertour**
gibt es auf der Website des VVV Texel:
texel.net/de

**Probierstube im Café De Zwaan**
Zwaanstraat 6A, 1791 CM Den Burg
proeflokaaldezwaan.nl

Meeresgemüse & Co.

# Das Geheimnis salztoleranter Pflanzen

Versalzung von Ackerflächen ist eines der größten landwirtschaftlichen Probleme weltweit. Sie geschieht, wenn Wasser durch Verdunstung aus tieferen Bodenschichten aufsteigt und die darin gebundenen Salze an der Oberfläche zurückbleiben. Statt diese Böden aufzugeben, hat man auf Texel das Konzept „Zilte Landbouw“ entwickelt. Dabei handelt es sich um den Anbau von Gewächsen, die auch – oder vor allem – auf salzhaltigen Böden gut gedeihen.

Bei WadZilt bekommen Besucher die Möglichkeit, sich mit eigenen Augen ein Bild von dieser zukunftsweisenden Form der Landwirtschaft zu machen. Nach einer spannenden Führung durch die Anbauflächen, bei der man viele Infos zu den salztoleranten Pflanzen erhält, kann man sich auch von ihrem Geschmack überraschen lassen. Denn der ist in den meisten Fällen kein bisschen salzig. Die Bandbreite reicht von vor Ort angebauten Algen bis hin zu Gemüse- und Kräutersorten, die einen enormen Reichtum an besonderen Aromen aber auch Nährstoffen bieten. Dazu zählt ebenso Meeresgemüse wie Eiskraut und Queller als auch „normales“ Gemüse wie Kartoffeln und Mohrrüben. Vom Guide gibt es zudem praktische Tipps, wie man diese unbekannten Zutaten am besten in die eigene Küche integrieren kann.

Die Führung dauert rund eine Stunde, die Teilnahme ist ausschließlich nach vorheriger Anmeldung über die Website von WadZilt möglich. Vor Ort können viele Produkte je nach Verfügbarkeit auch erworben werden.

**WadZilt**
Hoornderweg 42, 1797 RA Den Hoorn
wadzilt.nl/

*1*
*Auch Strandflieder gehört zu den salztoleranten Pflanzen.*

**Selbstgemacht**

## Käse-Workshop mit der Bäuerin

Mittendrin statt nur dabei: Unter Anleitung von Bäuerin Manuela Bakker kann man in der Nähe von Den Hoorn lernen, seinen eigenen Käse zu machen. Der Workshop dauert rund 3, 5 Stunden und beinhaltet neben dem selbst gemachten Käselaib auch Getränke und Kuchen sowie eine Verkostung mehrerer Käsesorten. Die Teilnahme ist nur nach vorheriger Anmeldung möglich, die Teilnehmerzahl beträgt zwischen 4 und 12 Personen.

**Boerderij Westerheem**
Westerweg 88, 1797 RH Den Hoorn
**kaasmakenbijdeboerin.nl**

# Strandpavillons

1
*Ruhe und Weite genießen: Strandpavillon Faro Beach direkt neben dem Texeler Leuchtturm*

# Strandpavillons


1 **Paal 9,** Seite 177
2 **Paal 12** Seite 177
3 **Paal 15,** Seite 178
4 **Paal 17,** Seite 178
5 **Paal 19,** Seite 178
6 **Paal 19,5,** Seite 178
7 **Paal 20 – Dikke Zeehond,** Seite 180
8 **Paal 20 – Bries20,** Seite 180
9 **Paal 21,** Seite 180
10 **Paal 28,** Seite 182
11 **Paal 31 – Faro Beach,** Seite 182
12 **Paal 33 – Kaap Noord,** Seite 182

11
Paal 31
12
Paal 33
10
Paal 28
De Cocksdorp
TEXEL
8
9
7
Paal 20, Bries20
6
Paal 20, Dikke Zeehond
5
Paal 21
Paal 19,5
Paal 19
De Koog
4
Oosterend
Paal 17
Waalenburg
Nationaal Park
Duinen van Texel
De Waal
3
Paal 15
DE DENNEN
Den Burg
2
Paal 12
Oudeschild
1
Den Hoorn
Paal 9

# Texels Strand: Genussvolle Auszeit am „Paal"

*Kulinarische Vielfalt an Texels Stränden: Von fangfrischem Fisch bis hin zu mediterranen Spezialitäten*

Auf einer Länge von 30 Kilometern kann man am Strand von Texel das Gefühl ultimativer Freiheit erleben. Denn auch zu gut besuchten Zeiten wie an Feiertagen oder im Sommer gibt es Abschnitte, an denen man sich nahezu ungestört von anderen Besuchern aufhalten kann.

Von der großen Sandplatte De Hors an der südlichen Inselspitze bis auf Höhe von Den Hoorn sowie nördlich von De Koog bis zum Naturgebiet De Slufter spielt die Natur die Hauptrolle. Weite, Natur und Stille stehen hier im Mittelpunkt. Hier fühlt man sich zu Recht alleine auf der Welt.

Doch auch Action hat hier ihren Platz: Für rasante Sportarten wir Kitesurfen oder Strandsegeln hat die Gemeinde Sportstrände ausgewiesen, an denen man sich nach Herzenslust austoben kann. Sie liegen etwas abseits der beliebten Badestrände, an denen die Strandwache von Juni bis September ein Auge auf das Geschehen hält.

Holzpfähle mit roter Spitze markieren jeweils den Abstand von einem Kilometer – beginnend bei Paal 6 im Süden bis hin zu Paal 33 am Nordende des Strands. Sie dienen zur Orientierung für ausgedehnte Spaziergänge, sind aber auch Namensgeber für die Strandpavillons, die an den verschiedenen Aufgängen liegen.

Auf ihren Terrassen kann man einen warmen Strandtag bei einem kühlen Getränk und einem herrlichen Abendessen ausklingen lassen. Oder sich im Winter nach einem Spaziergang am Kamin aufwärmen und dazu einen leckeren Happen genießen. Viele der Strandpavillons sind rund ums Jahr geöffnet und begeistern ihre Gäste mit einer ganz individuellen Atmosphäre – von alternativer Gemütlichkeit bis zu modernem Schick.

Wir stellen die spannendsten Strandpavillons auf der Insel von Süden nach Norden vor.

*1*
*Pulled Beef vom Black Angus Rind*

## Paal 9

Der südlichste Strandpavillon von Texel empfängt seine Besucher unweit von Den Hoorn in einem großzügig gestalteten Ambiente. Vollflächige Fensterfronten rundherum geben auch im Inneren das Gefühl, sich inmitten der weitläufigen Dünenlandschaft zu befinden. Das Highlight der Karte: diverse Gerichte mit Fleisch von Angus-Rindern, die rund um den Pavillon in den Dünen leben. Zudem gibt es auch eine interessante Auswahl an verschiedenen Fisch- und vegetarischen/veganen Gerichten.

Hoornderslag 8, 1797 RT Den Hoorn, ganzjährig geöffnet, **paal9.nl**

## Paal 12

Wer lässiges Beachfeeling liebt, ist im Sommerpavillon Paal 12 an der richtigen Adresse. Zum Konzept gehört ein Schwerpunkt auf biologisch und lokal produzierten Produkten und ein ausgewogenes Angebot von Gerichten mit und ohne tierische Produkte.

Jan Ayeslag 12, 1797 RM Den Burg, von Anfang März bis Ende Oktober geöffnet: **strandpaviljoen-twaalf.nl**

## Paal 15 – Peek aan Zee

Direkt am Eingang dieses modernen Beachclubs wird man von einem beeindruckenden Kamin in Empfang genommen. Hier kann man auf mehreren gemütlichen Ledersofas Platz nehmen und im Wechsel den Blick aufs Feuer und aufs Meer genießen. Aber auch die Karte darf sich sehen lassen: Sie steht für ein ambitioniertes Küchenteam, das mit saisonalen Produkten und überraschenden Geschmackskombinationen zu überzeugen weiß.

Westerslag 4, 1791 PP Den Burg,
ganzjährig geöffnet, **peekaanzee.nl**

## Paal 17 & Club 17

Seit Sommer 2025 heißen hier gleich zwei besondere Strandpavillons ihre Gäste willkommen. Im weithin beliebten Paal 17 Aan Zee findet man im großzügigen Erdgeschoss sowie in der eleganten „Ersten Etage“ einen gemütlichen Platz, um beim Blick aufs Meer den kleinen Hunger zu stillen oder vorzüglich zu Abend zu essen. Gleich gegenüber im brandneuen Club 17 lautet das Motto: Music, Drinks & Food. Große Glasflächen bringen das Außen nach innen, am Wochenende legt ein DJ auf oder es gibt Live-Performances, die für Stimmung sorgen. Natürlich kommt auch der leibliche Genuss nicht zu kurz. Das Herzstück von Club 17 ist die große Bar-Küche in der Mitte der Strandbar, an der man gemütlich sitzen und genießen kann. Die Speisekarte wechselt in kurzen Abständen und ist von der mediterranen Küche inspiriert.

Ruijslaan 94, 1796 AZ De Koog,
ganzjährig geöffnet, **paal17.com**

## Paal 19

Hier findet man den idealen Ort, um sich vom Alltagstrubel zurückzuziehen und in aller Ruhe die Seele baumeln zu lassen. Wichtig zu wissen: Paal 19 erreicht man nur über den Strand oder zu Fuß über den Campingplatz Kogerstrand.

Ruijslaan 40, 1796 AD De Koog,
ganzjährig geöffnet, **facebook.com/Paal19**

## Paal 19,5 – Beachclub Texel

Über einen befestigten Weg gelangt man vom Strandaufgang bei De Koog durch die Dünen zum Beachclub Texel. In rustikalem Strandambiente kann man sich hier tagsüber mit kleineren oder größeren Snacks verwöhnen lassen oder abends eine köstliche Auswahl aus Vor-, Haupt- und Nachspeise genießen.

Ruijslaan 30, 1796 AD De Koog,
ganzjährig geöffnet, **beachclubtexel.nl**

*1*
*Paal 15: Gemütliche Strandatmosphäre mit offenem Kamin, ideal für kalte Tage*

*2*
*Exklusive Atmosphäre und Meerblick in einem: die „Erste Etage" von Paal 17 Aan Zee*

*3*
*Im Club 17 lautet das Motto Music, Drinks & Food*

## Paal 20 – Dikke Zeehond

Frisch renoviert empfängt der „dicke Seehund“ seine Gäste mit einem hellen und freundlichen Design, das Erinnerungen an Ibiza wach werden lässt. Die Karte hat für jeden Geschmack etwas Leckeres in petto – von belegten Brötchen über Pfannkuchen bis hin zu Entrecôte, Scholle und indischem Linsen-Dal.

Badweg 202, 1796 AA De Koog,
ganzjährig geöffnet, **dikkezeehond.nl**

## Paal 20 – Bries20

Bries20 verbindet auf charmante Weise klassisches Beachfeeling mit einem Hauch von Luxus. Hier lässt sich zu einem perlenden Glas Champagner wunderbar Austern schlürfen und dabei den Blick aufs Meer genießen. Aber auch für den eher handfesten Gaumen gibt es eine große Auswahl an Gerichten.

Badweg 77, 1796 AA De Koog,
ganzjährig geöffnet, **bries20.nl**

## Paal 21

Hoch oben auf den Dünen gelegen bietet sich von hier aus eine spektakuläre Aussicht über Strand und Meer. Die reichhaltige Speisekarte legt einen deutlichen Fokus auf lokale und biologische Produkte. Das feste Angebot wird um eine wechselnde Karte mit saisonalen Gerichten ergänzt.

Strandslag 21, 1796 BD De Koog,
von Anfang März bis Ende Oktober geöffnet,
**strandpaal21.nl**

*1*
*Bries 20: ein Hauch von Luxus*

## Paal 28

Unweit vom Ferienpark De Krim empfängt dieser Strandpavillon seine Gäste in einem rustikalen Ambiente mit viel dunklem Holz und maritimen Deko-Elementen. In dieser gemütlichen Atmosphäre gibt es ein umfangreiches Speisenangebot, bei dem die ganze Familie auf ihre Kosten kommt. Die Kleinen können leckere Pfannkuchen oder Pommes genießen, die Großen herzhafte Spareribs oder gehaltvolle Salatteller. Rund ums Jahr erwarten Besucher zudem Aktivitäten wie Live-Musik, Ostereiersuchen oder der Besuch des Weihnachtsmanns.

Krimweg 660, 1795 MC De Cocksdorp, ganzjährig geöffnet, paal28.nl/de

## Paal 31 – Faro Beach

Mit dem spanischen Wort für Leuchtturm – Faro – weist dieser Beachclub nicht nur auf seinen großen roten Nachbarn hin, sondern gibt auch einen kleinen Vorgeschmack auf die Karte, mit Speisen wie hausgemachte Paella, frische Calamari und andere mediterrane Bites.

Vuurtorenweg 193, 1795 LL De Cocksdorp, ganzjährig geöffnet, farobeach.nl

## Paal 33 – Kaap Noord

Ein Besuch im Kaap Noord ist ein bisschen wie nach Hause kommen. Holzelemente und echte Schaffelle sorgen für Gemütlichkeit, aber auch das echte Strandgefühl kommt hier nicht zu kurz. Das Küchenteam serviert seinen Gästen eine große Bandbreite an Möglichkeiten, den echten Geschmack von Texel kennenzulernen. Zum Beispiel in Form der „Juttersplank", einem Brotzeitbrett mit Spezialitäten wie Texeler Käse und Lammschinken aber auch gebratenen Garnelen und Muscheln. Zudem gibt es ein großes Angebot an veganen Speisen.

Volharding 4, 1795 LH De Cocksdorp, ganzjährig geöffnet, strandpaviljoenkaapnoord.nl

*1*
*Rustikale Gemütlichkeit im Paal 28*

*2*
*Faro Beach: Strandauszeit am Texeler Leuchtturm*

*3*
*Kaap Noord: Berühmt für seine „Juttersplank"*

**Tipp:** Insbesondere in den Wintermonaten haben einige Strandpavillons abweichende Öffnungszeiten. Wir empfehlen daher vor einem Besuch unbedingt vorab die Website zu checken, um nicht vor geschlossenen Türen zu stehen.

# Kulinarische Unterkünfte

1
*Zahlreiche Hotels, B&Bs & Co präsentieren ihren Gästen die Geschmacksvielfalt Texels.*

# Kulinarische Unterkünfte


1 **Boutique Hotel Texel,** Seite 188
2 **Grand Hotel Opduin** Seite 189
3 **Smulpot,** Seite 190
4 **Bauernhof-Campingplatz Hoeve Vrij & Blij,** Seite 191
5 **B&B Pastorie De Waal,** Seite 192
6 **VVV Texel,** Seite 193

TEXEL
De Cocksdorp
1
Texel International Airport
2
De Koog
Nationaal Park Duinen van Texel
Waalenburg
Oosterend
5
De Waal
3
6
Den Burg
DE DENNEN
4
Oudeschild
Den Hoorn

# Kulinarische Unterkünfte

*Egal ob Hotel, B&B, Campingplatz oder Appartement: Auf der Insel gibt es vielfältige Möglichkeiten, einen entspannten Aufenthalt mit kulinarischem Genuss à la Texel zu verbinden.*

## Boutique Hotel Texel

In der Nähe der Naturgebiete „De Slufter" und „De Muy" liegt das Boutique Hotel Texel. In diesem exklusiven Hotel finden Gäste luxuriöse und stilvolle Zimmer und Suiten sowie ein gastronomisches Highlight: das Restaurant Gusta. Unter der Leitung von Chefkoch Robin Mosk wird hier Kochkunst zelebriert. Seine Inspirationen schöpft er aus der Liebe zu seiner Heimat: „Wir arbeiten mit fairen lokalen Produkten, lassen uns von den Jahreszeiten inspirieren und setzen auf den reinen Geschmack jeder Zutat", so Mosk. Seine Philosophie spiegelt sich in jedem Gericht wider, das mit Zutaten aus der hoteleigenen Landwirtschaft und von über 40 lokalen Lieferanten zubereitet wird. Sein beliebtes Signature-Dish: gesalzenes Lammkarree mit Fenchel auf Rote-Beete-Creme. Neben kulinarischen Genüssen bietet das Hotel auch einzigartige Wellness-Erlebnisse wie das Spa Woolness, das Entspannung und Wohlbefinden durch Bäder in Schafwolle verspricht.

Postweg 134, 1795 JS De Cocksdorp, **hoteltexel.nl**

1

2

*1 + 2*
*Im Hotel-Restaurant Gusta wird lokale und saisonale Küche zelebriert.*

*3 + 4*
*Erst stilvoll dinieren, dann die Nachtruhe inmitten der Dünen genießen.*

## Grand Hotel Opduin

Inmitten der Dünen, nur wenige Gehminuten vom Strand oder De Koogs Zentrum entfernt, liegt das Grand Hotel Opduin. Während es von außen eher schlicht daherkommt und sich so angenehm in seine natürliche Umgebung einfügt, beeindruckt es in seinem Inneren mit einer großzügigen und modernen Gestaltung im Stile der Hamptons. Gäste können zwischen Hotelzimmern und -suiten, Hotelappartements, Ferienwohnungen und einer luxuriösen Ferienvilla wählen. Eine weitläufige Dünenterrasse lädt dazu ein, die abwechslungsreichen Köstlichkeiten der Hotelküche zu genießen. Alternativ bietet der offene Kamin im Wintergarten dafür den Place-to-be. Am Abend öffnet das stilvolle Restaurant seine Türen, um seine Gäste in einem ebenso luftig wie gemütlich gestalteten Interieur zu verwöhnen. Tief in der Slow-Food-Philosophie verankert sind dabei regionale und saisonale Produkte die Stars auf dem Teller. Auch Nicht-Hotelgäste sind willkommen, die kulinarischen Angebote sowie den großen Wellnessbereich zu genießen.

Ruijslaan 22, 1796 AD De Koog, **opduin.nl**

## Smulpot

Ein Hauch von französischem Bistroflair trifft auf niederländische Gemütlichkeit – mitten in Den Burg liegt das Smulpot, ein traditionsreiches Familienhaus, das Genießerherzen höher schlagen lässt. Seit über 60 Jahren empfängt das kleine Boutique-Hotel mit sieben individuell gestalteten Zimmern seine Gäste – modern und gemütlich. Und erst kürzlich mit vielen liebevollen Details von Grund auf renoviert. Die Lage direkt im Zentrum von Den Burg macht es zum idealen Ausgangspunkt für Erkundungen im Ort und auf der Insel. Geführt wird das Haus von Anton Kalusche und Nancy Hopmans, die ihre Leidenschaft für Gastronomie mit inseltypischer Herzlichkeit und brabantischer Lebensfreude verbinden. Seit 2018 verwirklichen sie hier ihren Traum von einem persönlichen Hotel- und Gastronomiekonzept.

Morgens beginnt der Tag mit einem ausgiebigen Frühstück mit hausgemachten Produkten. Mittags und abends ist das Restaurant ein beliebter Treffpunkt – nicht nur für Gäste, sondern auch für viele Einheimische. Die Küche serviert regionale Klassiker mit Raffinesse: butterzartes Rinderragout, frischen Nordseefisch, vegetarische Optionen und kreative Tagesgerichte.

Neben den Gerichten à la carte gibt es zwei kulinarische Erlebnisse: Beim High Tea werden herzhafte und süße Häppchen serviert. Beim High Wine werden vier ausgewählte Weine mit passenden kleinen Gerichten kombiniert – eine kompakte Weinreise in entspannter Atmosphäre.

Binnenburg 5, 1791 CG Den Burg,
**smulpot.nl/de/hotel**

1

2

*1 + 2*
*Ob in den schicken Hotelzimmern oder im Restaurant: Gastgeber Nancy & Anton empfangen ihre Gäste mit großer Herzlichkeit*

## Bauernhof-Campingplatz Hoeve Vrij & Blij

Auf dem Bauernhof „Hoeve Vrij en Blij" unweit von Den Hoorn kann man die wunderschöne Natur der Insel auf einem von insgesamt 14 Camping-Stellplätzen genießen. Sie verfügen alle über einen eigenen Strom- und Wasseranschluss, zentral gibt es gute sanitäre Einrichtungen sowie viele Möglichkeiten für Kinder zum Toben und Spielen. Des Weiteren steht hier ein freistehendes Ferienhaus für vier Personen zur Vermietung, das modern und vollständig ausgestattet ist. Auf dem Bauernhof werden unter anderem Milchschafe gehalten, deren Milch für die Herstellung von Schafskäse verwendet wird. Im weitläufigen Hofladen „Texelse Boerderijwinkel" kann man neben diesem Käse eine enorme Vielfalt anderer echter Texel-Produkte erwerben. Die Auswahl reicht von Milchprodukten, Eis, Kuchen und Gebäck über Senf, Pasta, Gemüse und Bier bis hin zur bekanntesten Texeler Spezialität: Lammfleisch. Hier können sich die Gäste des Bauernhofs sowie natürlich auch Besucher von außerhalb mit allem versorgen, was die Insel an Leckerem zu bieten hat.

Westerweg 80, 1797 RH Den Hoorn,
**hoevevrijenblij.nl**

*3 + 4*
*Camping mit Bauernhofladen vor der Zelttür*

3

4

## B&B Pastorie De Waal

In einem Seitenflügel des alten Pfarrhauses „Pastorie De Waal“ am Ortsrand von De Waal können Gäste unter dem Dach von Anet und Wessel ihren Urlaub genießen. Das B&B umfasst ein Schlafzimmer mit einem großzügigen Doppelbett, ein eigenes WC und Dusche sowie eine private Terrasse im Garten der Pastorie. Zudem gibt es einen traditionellen Alkoven, der sich für ein Kind bis zum Alter von 12 Jahren eignet. Im Angebot ist ein Frühstück inbegriffen, das im Esszimmer serviert wird. Dazu gehören unter anderem hausgemachte Marmeladen und biologisches Brot, das von Profikoch Wessel in seinem Kochstudio gebacken wird. Es befindet sich im vorderen Teil des historischen Gebäudes. Hier lädt Wessel zu Workshops ein, bei denen man unter anderem Brot backen oder Pasta herzustellen lernt oder sich für seinen Einsatz als „Kok aan huis“ in fremden Küchen vorbereiten kann. Dabei arbeitet er vor allem mit den Produkten örtlicher Produzenten, die er sorgfältig auswählt.

Langwaal 2, 1793 AJ De Waal,
**pastoriedewaal.nl**

1

2

*1 + 2*
*Auszeit im historischen Ambiente mit angeschlossenem Kochstudio*

## VVV Texel – die größte Auswahl an Inselunterkünften

Wenn es um Urlaub auf Texel geht, ist die Touristeninformation VVV Texel bereits seit 1898 die erste Anlaufstelle. Dabei spielt neben dem Standort in Den Burg vor allem die Website texel.net/de eine große Rolle. Besucher finden hier alles, was den perfekten Urlaub auf der Insel ausmacht: Informationen zu Anreise, Geschichte, Natur und kulturellen Einrichtungen bis hin zur Möglichkeit, Tickets für Ausflüge und Aktivitäten zu buchen oder Fahrräder zu mieten. Nicht zuletzt gibt es hier aber vor allem die größte Auswahl an Inselunterkünften. Die Bandbreite des Angebots reicht von Hotels in unterschiedlichster Lage und Ausstattung über gemütliche B&Bs in allen Teilen der Insel, familienfreundliche Ferienparks und freistehende Ferienhäuser bis hin zu großen und kleinen Campingplätzen. Umfangreiche Filtermöglichkeiten erleichtern es dem Nutzer, die perfekte Unterkunft für den Traumurlaub zu finden und mit nur einem Klick zu buchen. Die Einnahmen, die auf diesem Wege generiert werden, bleiben auf der Insel und sorgen direkt wie indirekt für eine hohe Aufenthaltsqualität.

Digitale Buchungsplattform:
**texel.net/de**

*3*
*Auf texel.net gibt es die größte Auswahl (kulinarischer) Inselunterkünfte.*

# Für den kleinen Hunger

1

*1*
*Niederländische Kroketjes gibt es in vielen verschiedenen Varianten.*

# Für den kleinen Hunger


1 **Restaurant 't Pakhuus,** Seite 198
2 **Restaurant 't Hanenhuus** Seite 199
3 **Hotel Noordzee,** Seite 200
4 **picknickenoptexel.nl,** Seite 201
5 **Bospaviljoen 't Turfveld,** Seite 202
6 **Boerderijwinkeltje,** Seite 204

TEXEL
De Cocksdorp
2
6
Airport
3
De Koog
Nationaal Park
Duinen van Texel
Waalenburg
Oosterend
De Waal
5
4
Den Burg
DE DENNEN
1
Oudeschild
Den Hoorn

# Snack it! Für den kleinen Genuss zwischendurch

*Beim Streifzug über die Insel gibt es vieles zu entdecken, was richtig „lekker Texel“ ist. Lassen Sie sich inspirieren oder gehen Sie einfach immer Ihrer Nase nach.*

## Texeler Miesmuscheln

Das Wattenmeer an der Ostküste von Texel ist ein idealer Lebensraum für Miesmuscheln. Hier kann man sie rund ums Jahr sammeln, allerdings sind sie in ihrer Fortpflanzungszeit von Mitte April bis Anfang Juli für den Verzehr ungeeignet. Anschließend müssen die Muscheln sorgfältig vom Sand befreit werden. Wer den Geschmack der Miesmuscheln ohne die Mühe des Sammelns erleben möchte, kann zum Beispiel im Fischrestaurant 't Pakhuus eine Muschelpfanne mit frischen Miesmuscheln aus dem Wattenmeer probieren. Eine Reservierung wird empfohlen.

**Restaurant 't Pakhuus**
pakhuus.com

Mehr Infos unter:
texel.net/de/texel-tipps/essen-und-trinken/texelse-produkte/texeler-miesmuscheln

1

*1*
*Auch Miesmuscheln gehören zu Texels lokalen Spezialitäten*

*2*
*Ein herrlicher Schluck (Rot-) Wein mit Blick aufs Green*

## Auf einen Wein im Grünen

Im Restaurant 't Hanenhuus auf dem Golfplatz De Texelse erwartet Weinliebhaber nicht nur eine erlesene Auswahl an Weinen, sondern auch ein besonderes Ambiente. Geschäftsführerin Anita Hiemstra und ihr Team haben eine Weinkarte zusammengestellt, die durch Qualität und Vielfalt überzeugt. Besucher genießen ihren ausgewählten Tropfen auf der schönen Terrasse des Golfplatzes, die einen malerischen Blick aufs Grün und die umliegenden Dünen bietet. In dieser idyllischen Umgebung wird jeder Schluck zu einem besonderen Erlebnis. Auf Wunsch gibt es eine kompetente Beratung für alle, die bei ihrer Weinwahl unsicher sind.

**Restaurant 't Hanenhuus**
**krim-texel.de/texel/restaurants-texel/t-hanenhuus**

## Ein Social-Media-Star: Der Apfelkuchen mit Meerblick

Der Apfelkuchen des Hotels Noordzee gilt als einer der besten der Insel und ist ein Star im Social Web. Mit Blick aufs Meer von der Hotelterrasse schmeckt er gleich doppelt so gut. Er wird seit vielen Jahren nach einem Familienrezept gebacken. Das gut gehütete Geheimnis? Drei Apfelsorten stehen für den unvergleichlich süß-sauren Geschmack: Der Elsterapfel sorgt für die Süße, dazu kommen ältere Sorten wie der Goudreinet und der Karmijn de Sonnaville von Texel. Mit einem guten „Koffie verkeerd" oder einem anderen Heißgetränk und einer Portion Seeluft ist der Kuchen perfekt für den Kaffeeklatsch am Meer.

**Hotel Noordzee**
Badweg 200, 1796 AA De Koog,
**strandhotelnoordzee.nl/de**

1
*Ob mit oder ohne Sahne: ein Apfelkuchen zum Träumen*

*2*
*Auf Texel kann man sich das Picknick zum Strand liefern lassen.*

## Liefer-Picknick

Mit einem Korb voller Köstlichkeiten unter freiem Himmel lässt sich die wunderschöne Natur von Texel ganz besonders intensiv erleben. Und das ganz entspannt ohne Einkauf und Geschleppe! Denn auf Texel man kann sich das Picknick bringen lassen. Das Unternehmen „Picknicken op Texel" organisiert auf Wunsch an den unterschiedlichsten Orten der Insel einen luxuriösen Imbiss: Sei es in der Natur, am Strand, im Wald oder inmitten von Schafweiden.

**„Picknicken op Texel"**
**picknickenoptexel.nl**

## Auszeit im Wald

Inmitten des Texeler Waldgebiets lässt sich hier mit dem Duft der umringenden Nadelbäume in der Nase wunderbar eine Pause von einer ausgedehnten Wanderung oder Radtour einlegen. Zur Stärkung gibt es ein reichhaltiges Angebot an Insel-Spezialitäten wie Texeler Kroketten mit Waldpilzen und Seegras oder Apfelkuchen mit Cranberry von der Texelse Bakkerij. Der geheime Star unter den Stammgästen ist jedoch „Raspatat“ – Pommes Frites aus Kartoffelbrei, die direkt ins heiße Fett gepresst werden. Einfach köstlich!

**Bospaviljoen ’t Turfveld**
Nattevlakweg 2, 1791 PB Den Burg,
**turfveld-texel.nl**

*1 + 2*
*Den Geheimtipp „Raspatat“ findet man mitten im Texeler Wald.*

## O’zapft is! Frische Milch und Softeis vom Bauernhof

Der kleinste Hofladen Texels – Texels boerderijwinkeltje – gehört zum Bauernhof der Familie van Exel. Die Söhne haben sich den kleinen Selbstbedienungsladen auf dem Bauernhof ausgedacht. In der Holzhütte kann man sich sein eigenes Softeis aus frischer Kuhmilch direkt vom Bauernhof zapfen und mit verschiedenen Toppings verfeinern. Gleich daneben steht der Milchzapfhahn, an dem frische, köstliche Milch in Glasflaschen abgefüllt werden kann. Dazu gibt es fertige Pfannkuchenmischungen in verschiedenen Geschmacksrichtungen – eigens kreiert vom Texeler Chefkoch Robin Mosk. Weitere Texeler Produkte von Käse bis Senf runden das Angebot des kleinen Hofladens ab.

**Boerderijwinkeltje**
Postweg 17, 1795 JJ De Cocksdorp

*3*
*Genuss zum Mitnehmen: Pfannkuchen aus dem Automaten.*

Frühstückstipps

# Genussvoller Start in den Texel-Tag

Ob Kaffeespezialitäten, diverse frische Brotsorten, reichhaltige Bowls oder gesunde Smoothies: Für jeden Frühstücks-Typ gibt es auf Texel die richtige Adresse.

## Bakker Timmer

Die Bäckerei „Bakker Timmer" ist auf der ganzen Insel ein Begriff. Hier kommen täglich verschiedenste Brote und Brötchen, Gebäck- und Kuchenspezialitäten aus dem Ofen. Diese kann man an vier Standorten im hauseigenen Teamroom genießen.

Hogerstraat 4, Den Burg;
Dorpsstraat 90, De Koog;
Kikkertstraat 7, De Cocksdorp;
Heemskerckstraat 12, Oudeschild.
**bakkertimmer.nl**

## Smulpot

Im Zentrum von Den Burg wird man beim „Texels Boutique Ontbijt" richtig wach. Es gibt frische Brötchen mit großer Belagauswahl, Bauernquark, wechselnde Eispeisen, echten Bohnenkaffee und vieles mehr. Nur auf Reservierung.

Binnenburg 5, 1791 CG Den Burg,
**smulpot.nl**

## Grand Café Het Plein

Mitten in De Koog lädt das stilvolle Grand Café Het Plein schon morgens zum Verweilen ein. Die Frühstückskarte bietet abwechslungsreiche Optionen – vom Briochetoast mit frischem Obst bis zu mediterran inspirierten Eierspeisen. Bis 16 Uhr gibt es ein erweitertes Frühstücksangebot, ideal für alle, die entspannt in den Tag starten wollen. Dazu passt das moderne Ambiente mit Blick auf die lebhafte Dorpsstraat.

Dorpsstraat 18, 1796 BB De Koog,
**grandcafehetplein.nl**

## Lokaal 16

Das Highlight dieses kleinen Cafés ist sein idyllischer Hinterhof-Garten, in dem man in entspannter Atmosphäre ein abwechslungsreiches Frühstücksangebot genießen kann. Hierbei kommen vor allem lokale und biologische Produkte zum Einsatz.

Gravenstraat 16, 1791 CK Den Burg,
**lokaal16.nl**

*1*
*Bei Bakker Timmer wird täglich frisch gebacken*

*2*
*Pancakes im Smulpot*

*3*
*Köstliches „broodje" bei Texelse Branding*

## The Juice Car

Ob leckere Bowls mit verschiedensten Obstsorten, Smoothies, Säfte, Shots oder Kuchen: Hier ist alles hausgemacht. Das gilt sogar für die Tische in diesem kleinen, aber feinen Café. Bei gutem Wetter lädt ein Garten zum entspannten Genuss ein.

Weverstraat 73 A, 1791 AC Den Burg,
**thejuicecar.nl**

## Texelse Branding

In der Kaffeebar, die unmittelbar an die Kafferösterei angeschlossen ist, kann man den Morgen mit Blick auf den kleinen Park in Den Burg beginnen. Zum Kaffee (oder Tee) gibt es Frühstück mit frischen Backwaren aus der hauseigenen Bäckerei.

Vismarkt 6, 1791 CD Den Burg,
**texelsebranding.nl**

# Das Texelschaf

1

1
*An allen Orten der Insel trifft man auf Texels berühmtesten Einwohner.*

**Ein Ort zum Verlieben**

# Lämmer kuscheln auf der Schapenboerderij Texel

Auf der Schapenboerderij Texel, einem einzigartigen Schafbauernhof, kann man ein außergewöhnliches Erlebnis rund um das Thema Schafe erleben.

Angesichts der wachsenden Nachfrage, einen Einblick in das Leben auf dem Bauernhof zu erhalten, öffnet die Familie Witte schon seit vielen Jahren ihre Türen zum Lämmer-Streicheln. 500 Schafe von 27 verschiedenen Rassen gibt es hier zu bewundern. Darüber hinaus beherbergt der Hof eine Vielzahl anderer Tiere wie Hühner, Kaninchen, Ziegen, Ponys, Schweine, Kälber, Eichhörnchen und Katzen, die täglich von Besuchern begrüßt werden können.

Inmitten von leisem Blöken und dem Duft von frischem Heu kann man neugierige Lämmer beobachten, die sich eng an ihre Mütter kuscheln oder über die Wiesen tanzen. Ein besonderes Highlight ist die Kuschelecke, ein mit Heu ausgelegter Bereich, in dem die Besucher die jungen Lämmer unter Aufsicht hautnah erleben können. Das weiche Fell der Lämmer unter den Fingerspitzen zu spüren, ihr leises Schnaufen zu hören und ihre neugierigen Blicke zu beobachten, ist ein unvergessliches Erlebnis. Man darf sie streicheln, ihre Wärme spüren und das sanfte Schlagen ihrer kleinen Herzen fühlen.

Wer möchte, kann auf dem Hof auch die Arbeit der Hütehunde beobachten, im gemütlichen Café einkehren oder vor Ort Schafprodukte kaufen.

*1*
*Lennart Witte kümmert sich gemeinsam mit dem ganzen Team liebevoll um den Schafnachwuchs.*

**Schapenboerderij Texel**
Pontweg 77, 1791 LA Den Burg
schapenboerderijtexel.nl

Woolness

# Ein Wollbad mit Inselbrauch

Besonders im Herbst ein kuscheliges Erlebnis: Woolness.

Ein Bad in echter Texeler Schafwolle, die sich wie eine warme, schützende Decke um den Körper legt, ist ein außergewöhnliches Schaf-Erlebnis. Die sorgfältig gereinigte Wolle behält ihr natürliches Wollfett (Lanolin), das der Haut Geschmeidigkeit verleiht und eine heilende Wirkung hat.

Die Geschichte der Wollverarbeitung ist tief in der Texeler Kultur verwurzelt. Schon seit Jahrhunderten spielt die Schafzucht eine zentrale Rolle auf der Insel. Die heilenden und wohltuenden Eigenschaften der Wolle wurden von Generation zu Generation weitergegeben, bis daraus das luxuriöse Spa-Erlebnis entstand, das heute als Woolness bekannt ist.

Diese spezielle Texeler Spa-Behandlung beginnt mit einer Ganzkörperbehandlung, bei der man in Wolle gehüllt wird. Eine Stunde lang fühlt man sich wie ein Schaf und lässt sich von der Weichheit, dem natürlichen Duft und der Geborgenheit der Wolle einhüllen. Nach dem Wollbad wird man mit einer leichten Massage eingecremt und genießt die wohltuende Behandlung bei einer Tasse Tee.

Diese traditionelle Spa-Behandlung, die Körper und Seele gleichermaßen berührt, kann im Boutique Hotel Texel in De Cocksdorp gebucht werden.

**WOOLNESS im Boutique Hotel Texel**
Postweg 134, 1795 JS De Cocksdorp
hoteltexel.com/spa-woolness

*1, 2, 3*
*Eingehüllt in gereinigter Schafswolle erfährt man bei Woolness Entspannung und Hautpflege in einem.*

Zwischen Grün und Weiß:

# Texels Lämmerradar enthüllt das Frühlingsschauspiel

Auf den Wiesen von Texel findet jedes Frühjahr ein zauberhaftes Schauspiel statt: Über 20.000 neugeborene Lämmer, flauschige kleine Wunder der Natur, tollen über das satte Grün wie kleine Wölkchen und erfreuen jeden Betrachter mit ihrer unschuldigen Lebensfreude.

Doch wo genau kann man dieses Naturspektakel erleben? Die Antwort liefert das innovative Lämmerradar. Ähnlich wie ein Regenradar, das den Niederschlag anzeigt, zeigt das Lämmerradar in Echtzeit, wo sich die kleinen Lämmer aufhalten. Dank modernster Ortungstechnik, mit der mehrere Texeler Schafbauern ihre Mutterschafe mit GPS-Trackern ausgestattet haben, kann man den genauen Standort der Lämmer verfolgen.

Doch das Lämmerradar bietet mehr als nur eine Karte. Ein Klick auf den jeweiligen „Lämmer-Fundort“ verrät, welchem Schafbauern die Herde gehört, wie viele Lämmer bereits geboren wurden und bietet zudem Zugang zu einer Fülle von Informationen rund um das Texel-Schaf. Von der Geschichte der Rasse „Texelaar“ über eine Lämmer-Webcam bis hin zu Schaf-Produkten und Übernachtungsmöglichkeiten mit Blick auf die Lämmer.

Das Online-Lämmerradar startet im März und ist in der Regel bis Ende Mai/Anfang Juni aktiv.

**Lämmerradar**
lammetjesradar.de

*1 + 2*
*Über die Website kann man sich anzeigen lassen, wo es auf Texel gerade „Lämmer regnet“.*

Wollige Einkaufstipps

# Aufs Schaf gekommen

Von Hautpflege bis Heimtextilien: Rund um das Schaf und seine Wolle werden auf Texel viele hochwertige Produkte hergestellt, mit denen Sie sich selbst und Ihren Liebsten etwas Gutes tun können.

## Noordkroon

Das Texeler Familienunternehmen Noordkroon verkauft seit 1999 natürliche Crèmes und Salben auf Basis von biologischem Lanolin. Dieses natürliche Schafswoll-Fett hat eine besonders pflegende und feuchtigkeitsspendende Wirkung.

noordkroon.nl

## Texelana

Dank der natürlichen Materialeigenschaften sorgen Schafswoll-Pantoffeln nicht nur bei kalten Temperaturen für ein angenehmes Fußklima. Bei Texelana findet man ein großes Sortiment für Damen und Herren – vom Schaffell bis hin zu gefilzten Pantoffeln.

texelana.nl

## Kees de Waal

Ob Tassen und Teller, Klorollenhalter, Seifen, Kerzenständer oder Schaffelle: Mitten im Herzen von Den Burg erwartet Besucher eine bunte Welt aus Dekoartikeln und Wohnaccessoires rund um Texels bekannteste Einwohner.

keesdewaal.nl

## VVV Texel

Im Ladenlokal des VVV Texel bekommt man nicht nur Antwort auf alle Fragen rund um den Texel-Urlaub, sondern auch Schaf-Rad- und Wanderrouten sowie vielfältige Souvenirs zur wolligen Erinnerung.

texel.net/de

## Texelsvilt

Filzprodukte aus echter Texeler Schafswolle sind die Leidenschaft von Rebecca Geskus. In echter Handarbeit produziert sie schöne Heimtextilien wie Decken, Kissen, Weinkühler und Wandteppiche und bietet verschiedene Workshops an.

texelsvilt.nl

*1*
*Pflegende Handcrème*

*2*
*Wärmende Pantoffeln*

*3*
*Kaffeebecher mit Texelmotiv*

*4*
*Stylischer Weinkühler*

*5*
*Texel-Kuschelschaf*

# Museen

*1*
*Im Ecomare leben Seehunde, die nicht mehr ausgewildert werden können.*

# Museen


1 **Kaap Skil,** Seite 220
2 **Juttersmuseum Flora,** Seite 222
3 **ECOMARE,** Seite 224
4 **Leuchtturm „Vuurtoren“,** Seite 226
5 **Luchtvaart- & Oorlogsmuseum** Seite 228

4
De Cocksdorp
TEXEL
5
Texel International Airport
De Koog
Nationaal Park Duinen van Texel
3
2
Waalenburg
Oosterend
De Waal
Den Burg
DE DENNEN
1
Oudeschild
Den Hoorn

### Museum Kaap Skil

# Zeitfenster in Texels maritime Vergangenheit

Das Museum Kaap Skil bietet einen faszinierenden Einblick in die maritime Geschichte von Texel.

Über mehrere Jahrhunderte machten Handelsschiffe, Kriegsflotten und Walfänger vor der Ostküste der Insel halt, um sich zu bevorraten und auf günstige Winde für ihre Reisen zu warten. Funde aus unzähligen Schiffswracks, die vor Texel auf dem Meeresgrund liegen, bieten spannende Einblicke in das damalige bunte Treiben auf der „Reede von Texel".

Im Untergeschoss des Hauptgebäudes erwartet die Besucher das größte maritime Modell der Welt, das auf 18 x 4 Metern die Reede von Texel um 1660 darstellt. Diese detailgetreue Nachbildung ist interaktiv und bietet einen Einblick in die Blütezeit der Texeler Seefahrt. Hier findet man auch die Ausstellung „Palmholzwrack", die sich um ein im 17. Jahrhundert gesunkenes Schiff mit vielen Luxusgütern an Bord dreht. Das Highlight ist ein rund 400 Jahre altes Seidenkleid, das im Jahre 2016 geborgen wurde. Dieses Gewand ist erstaunlich gut erhalten und zeugt von den Modetrends und Handelsbeziehungen jener Zeit auf der Insel. Im Obergeschoss thematisiert die Ausstellung „Weltreise" den globalen Handel vom 16. bis zum 18. Jahrhundert und verdeutlicht dabei die bedeutende Rolle, die Texel in diesem weltweiten Netzwerk spielte.

Des Weiteren umfasst das Museum auch einen Freilichtbereich, der das Leben auf Texel vor einem Jahrhundert nachzeichnet. Dort können authentisch eingerichtete Fischerhäuser, eine alte Windmühle, eine Jutterei (Strandräuberei), eine Schmiede und die Atmosphäre vergangener Zeiten entdeckt werden.

**Kaap Skil**
Heemskerckstraat 9,
1792 AA Oudeschild
kaapskil.nl/de

1

2

3

*1*
*Nachbildung der „Reede von Texel“*

*2*
*So lebte man früher auf Texel*

*3*
*Skurrile Funde in der Strandgutabteilung*

### Juttersmuseum Flora

# Das größte Strandgutmuseum der Welt

Das Juttersmuseum Flora ist ein einzigartiges Erlebnis für Besucher, die sich für die faszinierende Welt der Strandräuber und die maritime Geschichte der Insel interessieren.

Das niederländische Wort „jutten“ gibt es im Deutschen nicht und bezeichnet das Sammeln von Strandgut. Das gleichnamige Museum zeigt eine umfangreiche Sammlung von Strandgut aus mehr als 80 Jahren.

Orange Gummihandschuhe, wie sie Fischer benutzten, sind an Holzzäunen aufgereiht, Bojen stapeln sich bis unters Dach. Daneben hängen knallbunte Taucherflossen. Auf Regalen reihen sich leere Wein- und Schnapsflaschen in allen Farben, Formen und aus allen Ländern. Selbst Fernseher, Fahrräder und eine lebensgroße Puppe des Kapitäns Jean-Luc Picard findet der Besucher in den Ausstellungshallen – ein Beweis dafür, dass wirklich alles an den Strand gespült werden kann.

Jedes Exponat erzählt eine Geschichte von Schiffbrüchen, Rettungsaktionen und den unerwarteten Schätzen, die das Meer an die Küsten Texels spült. Filme und Dokumentationen ergänzen die Fundstücke und geben einen Einblick in die abenteuerliche Welt der Strandräuber. Ein eigener Bereich ist auch der „Containerschifffahrt“ vorbehalten. Er zeigt Fundstücke aus über Bord gegangenen Containern und macht so die Herausforderungen der modernen Schifffahrt sichtbar. Die gesamte Ausstellung wird laufend erweitert.
Für Kinder bietet das Museum interaktive Elemente wie Schnitzeljagden und Spiele.
Ein großer Spielplatz und ein Museumscafé runden das Besuchserlebnis ab.

**Maritiem- en Juttersmuseum Flora**
Californiëweg 1c,
1796 PA De Koog
**juttersflora.nl/de**

1
*Alles, was hier zu sehen ist, wurde auf Texel an Land gespült.*

Ecomare

# Auf Tuchfühlung mit Seehunden und Walen

Rund um die niederländische Insel Texel befindet sich ein echtes Seehundeparadies: Etwa 8000 der hellgrauen Schwimmakrobaten sowie weitere 3000 Kegelrobben haben auf den hier gelegenen Sandbänken ihr Zuhause. Es befindet sich inmitten des Wattenmeers, welches 2009 von der UNESCO zum Weltnaturerbe ausgerufen wurde.

Einen großen Beitrag zum Schutz dieser einzigartigen Meeresbewohner leistet bereits seit vielen Jahrzehnten das auf Texel gelegene „Ecomare". Bereits im Jahr 1952 entstand hier die erste Seehundestation Europas.

Verspielte Seehunde tanzen durchs Wasser, ihre Bewegungen eine stumme Poesie. Sie sind Schützlinge und Botschafter einer verborgenen Welt, die Ecomare mit großer Sorgfalt bewahrt. Jeder Lebensraum in diesem besonderen Aquazoo mit Seehundeauffangstation erzählt seine eigene faszinierende Geschichte von Tier- und Umweltschutz, von Anpassung und Vielfalt.

In den Ausstellungshallen werden die Geheimnisse des Wattenmeeres gelüftet. Regelmäßige Führungen geben Einblicke in die Wunderwelt unter der Meeresoberfläche und machen Forschungsergebnisse greifbar.

Als der gewaltige Körper eines Pottwals 2012 nahe der Insel Texel an eine Sandbank gespült wurde, gab er verborgen in den Tiefen seines Darms ein unerwartetes Geheimnis preis: 83 Kilogramm Ambra, ein Schatz von enormem Wert für die Parfümindustrie. Dieser Ozeanriese finanzierte posthum seine eigene Ausstellungshalle. Heute schwebt der Wal unter der Decke und lädt Besucher ein, in das tiefblaue Rätsel des Wallebens abzutauchen.

**ECOMARE**
Ruijslaan 92
1796 AZ De Koog
ecomare.nl/de

1
*Das Ecomare ist die älteste Seehundeauffangstation Europas.*

Leuchtfeuer mit Geschichte

# Zwei Türme in einem

An der Nordspitze von Texel trifft die raue Nordsee auf das eher ruhige Wattenmeer, das zwischen dem Festland und der vorgelagerten Inselreihe gelegen ist. Die dadurch entstehenden Strömungen waren für die Seefahrt früherer Zeiten ein enormes Risiko: Unzählige Schiffe sanken hier im Laufe der Jahrhunderte auf den Grund des Meeresbodens.

Um an dieser Stelle mehr Sicherheit zu schaffen, wurde 1846 auf Betreiben des Texeler Notars Johannes Kikkert ein Leuchtturm erbaut. Sein leuchtendes Rot macht das Texeler Wahrzeichen zu einem beliebten Fotomotiv. Aber auch der Aufstieg auf den „Vuurtoren", der rund 45 Meter über dem Meeresspiegel thront, ist ein unvergessliches Erlebnis: Nach 153 Stufen belohnt ein beeindruckender Rundumblick über Meer und Land für die vorangegangenen Strapazen.

Nicht zuletzt begleitet eine interessante Ausstellung über die Geschichte des Turms den Weg nach oben. Im Rahmen des „Georgischen Aufstands", der über das offizielle Ende des Zweiten Weltkriegs hinausging, wurde er so schwer beschädigt, dass man einen neuen Turm um den alten herum baute. In der vierten Etage ist es möglich, zwischen der alten und der neuen Mauer hindurchzulaufen und die Einschusslöcher von damals zu bestaunen.

Um den Leuchtturm herum erstreckt sich ein ausladender Strand sowie ein großflächiges Dünengebiet, das mit zahlreichen schönen Wanderwegen dazu einlädt, die Natur der Insel Schritt für Schritt auf eigene Faust zu entdecken.

**Leuchtturm „Vuurtoren"**
Vuurtorenweg 184,
1795 LN De Cocksdorp
vuurtorentexel.nl/de

*1*
*Hinter der roten Fassade verbirgt sich noch ein weiterer Leuchtturm.*

Luftfahrt- & Kriegsmuseum

# Texels Rolle im Zweiten Weltkrieg

Während des Zweiten Weltkriegs war Texel aufgrund seiner Lage Teil des Atlantikwalls. Dabei handelte es sich um eine rund 5000 Kilometer lange Verteidigungslinie, die von der Nordspitze Norwegens bis nach Spanien hinab reichte und auch die niederländische Küste beinhaltete. Noch heute zeugen davon eine Vielzahl von Bunkern, die zum Großteil gut erhalten geblieben sind.

Das Luchtvaart- en Oorlogsmuseum Texel (Luftfahrt- und Kriegsmuseum Texel) widmet sich in Form einer modernen Ausstellung der Rolle, die die Insel in dieser Zeit spielte. Neben einem Nachbau des Atlantikwalls wird hier auch der berühmte Aufstand der Georgier thematisiert, durch den auf Texel der Zweite Weltkrieg erst am 20. Mai 1945 endete. Am Beispiel von diversen Flugzeugteilen, die Texeler Kutter aus dem Meer fischten, bekommt man zudem einen beeindruckenden Einblick in den Luftkrieg, der rund um die Insel zwischen Deutschland und den Alliierten wütete.

Der zweite Schwerpunkt des Museums gilt der Luftfahrtgeschichte auf Texel. Passend dazu befinden sich die beiden Hallen des Luftfahrt- und Kriegsmuseums unmittelbar am Flughafen der Insel. Auf Betreiben einiger Privatpersonen eröffnete das Museum im Jahr 1996 zunächst als reines Luftfahrtmuseum seine Türen, in den darauffolgenden Jahren erfolgte ein kontinuierlicher Ausbau von Themen und Ausstellungen, wodurch es schließlich zum Luftfahrt- und Kriegsmuseums wurde.

**Luchtvaart- & Oorlogsmuseum**
Postweg 126,
1795 JS De Cocksdorp
lomt.nl/de

*1, 2, 3*
*Detaillierte Modelle und authentische Ausstellungsstücke geben interessante Einblicke in die Luftfahrtgeschichte von Texel.*

# Dies & Das

1
*Das Angebot auf Texel ist so bunt und vielfältig wie das Strandgut, das an der Inselküste angespült wird.*

Allgemeine Reisetipps

# Anreise & Transport vor Ort

Ob per Auto oder ÖPNV: Die Anreise nach Texel ist völlig unkompliziert. Mit diesen praktischen Tipps für den Transport zur und auf der Insel können Sie sich auf einen unbeschwerten Urlaub freuen.

## Fähre

Texel liegt rund vier Kilometer vor der Küste der Provinz Nordholland und ist über den Hafen von Den Helder in nur 20 Minuten per Fähre erreichbar. Das Fährschiff legt einmal pro Stunde ab, zu Stoßzeiten sogar alle halbe Stunde. Zum Übersetzen mit dem Auto braucht man vorab keinen Platz zu reservieren. In der Regel ist es nach Ankunft am Fährhafen möglich, direkt auf die nächste Fähre aufzufahren, zu gut besuchten Zeiten kann es jedoch auch zu Wartezeiten kommen. Diese werden über die Website der Fährgesellschaft TESO mitgeteilt. Tickets für die Fähre können direkt am Fährhafen erworben werden. Für Pkws empfiehlt es sich jedoch, das Ticket vorab online zu kaufen und dabei das Kennzeichen anzugeben. Auf diese Weise kann man die unbemannten Durchfahrten mit automatischer Nummernschilderkennung nutzen und zügiger passieren.

Tipp: Von Dienstag bis Donnerstag können motorisierte Fahrzeuge ab Den Helder günstiger übersetzen, da dies die weniger frequentierten Reisetage sind.

**TESO Fährhafen Den Helder:**
Havenplein 3, 1781 AB Den Helder

**TESO Fährhafen Texel:**
Pontweg 1, 1797 SN Den Hoorn

**Fährtickets & Abfahrtzeiten:**
teso.nl/de

1
*Der Texel-Urlaub beginnt bereits mit der Fährüberfahrt.*

## Parken

Innerhalb der Ortschaften sowie an den Strandaufgängen ist das Parken auf Texel kostenpflichtig. Um sich über Parkgebühren keine Gedanken machen zu müssen, empfiehlt es sich, bereits von zu Hause aus eine Texelvignet zu erwerben. Dabei handelt es sich um einen digitalen Parkausweis, der auf das Nummernschild registriert wird. Ohne einen Nachweis am Auto anbringen zu müssen, weiß der Kontrolleur so genau, dass die Parkgebühr bereits bezahlt ist. Zur Wahl stehen ein Tagesticket für 20 EUR, ein Wochenticket für 30 EUR sowie ein Jahresticket für 40 EUR. Im Vergleich zum Stundentarif am Parkschein-Automat von 5 EUR ist dies nicht nur eine praktische, sondern auch kostengünstige Möglichkeit, sein Auto abzustellen.

Bitte beachten: An besonders belebten Orten gilt eine Höchstparkdauer. Hier benötigt man zusätzlich eine Parkscheibe.

**Info & Webshop:**
texelvignet.nl/de

## ÖPNV

Die Anreise nach Texel kann auch von Deutschland aus ganz bequem ohne Auto erfolgen. Ab Utrecht und Amsterdam geht jeweils zwei Mal pro Stunde ein Zug nach Den Helder. Vom dortigen Bahnhof aus fährt ein Bus zum Fährhafen. Die Fahrzeiten dieser Linie sind genau so abgestimmt, dass man die Fähre nach Texel auf jeden Fall pünktlich erreicht.

Auf Texel erwartet die Fährgäste ebenfalls ein Bus, der auf einer festen Route die Orte Den Burg und De Koog abfährt. Für andere Ziele kann man die Texelhopper-Kleinbusse nutzen, die mehr als 100 Haltestellen auf der Insel anfahren. Sie müssen mindestens 30 Minuten vorab telefonisch oder online reserviert werden.

**Verbindungen, Tickets & Reservierung:**
texelhopper.nl/de

## Fahrrad

Ein rund 140 Kilometer langes Netz gut ausgebauter Radwege bietet beste Bedingungen dafür, das Auto stehen zu lassen und mit dem Fahrrad durch den Urlaub zu cruisen. Am Fährhafen sowie an vielen anderen Orten auf der Insel gibt es die Möglichkeit, Fahrräder zu mieten – mit oder ohne elektrische Unterstützung. So ausgestattet steht der autofreien Auszeit nichts mehr im Wege. Eine Übersicht der verschiedenen Fahrradvermietungen findet man auf der Website des VVV Texel, indem man in der Firmenübersicht die Filter Transport und Fahrrad setzt. Hier kann man auch vorab bereits sein Zweirad für den Aufenthalt buchen.

**Online Fahrrad mieten:**
texel.net/de/ueber-texel/firmenuebersicht

*1*
*Der Texelhopper fährt über 100 Haltestellen an.*

*2*
*Ab der Fähre geht es mit dem Bus weiter.*

*3*
*Fahrräder können auf der ganzen Insel geliehen werden.*

@texel App

# Urlaub mit Spar-Potenzial

Per Smartphone kann man viele Dinge erledigen, die den Texel-Urlaub einfacher und praktischer machen. Dazu gehört zum Beispiel die Buchung des Fährtickets, der Erwerb der digitalen Parkvignette oder die Reservierung von Eintrittskarten für die Museen der Insel. Zum 1. Januar 2024 ist dieses Angebot um einen weiteren attraktiven Service reicher geworden: die kostenlose @texel App.

Gäste der Insel finden hier tolle Gutscheine aus den fünf Kategorien Aktiv, Kultur, Natur, Gaststättengewerbe und Geschäft. Sie bieten attraktive Möglichkeiten für Vergünstigungen und können als Inspiration für den Insel-Aufenthalt genutzt werden. So bekommt man zum Beispiel Rabatte auf einen Fallschirmsprung oder einen Rundflug über Texel, kostenlosen Eintritt zum Wellnessbereich eines Hotels, vergünstigte Leihräder oder auch einen „Gratis-Kaffee" zum Auswärts-Frühstück. Loggt man sich ein, werden zusätzliche Voucher freigeschaltet. Vom umfangreichsten Gutschein-Angebot profitieren Nutzer, die ihren Urlaub über den VVV Texel buchen.

Jeder Gutschein enthält eine detaillierte Beschreibung des Angebots, die Adresse des Anbieters sowie die Möglichkeit, sich per Google Maps direkt dorthin navigieren zu lassen. Zudem gibt es die Möglichkeit, sich auf einer Karte der Insel die Angebote anzusehen und sich Gutscheine in der Nähe des eigenen Standorts anzeigen zu lassen.

Die @texel App ist der digitalisierte Nachfolger des Texel Pass, der ebenfalls vom VVV Texel herausgegeben wurde. Sie kann kostenlos im App Store und im Play Store heruntergeladen werden.

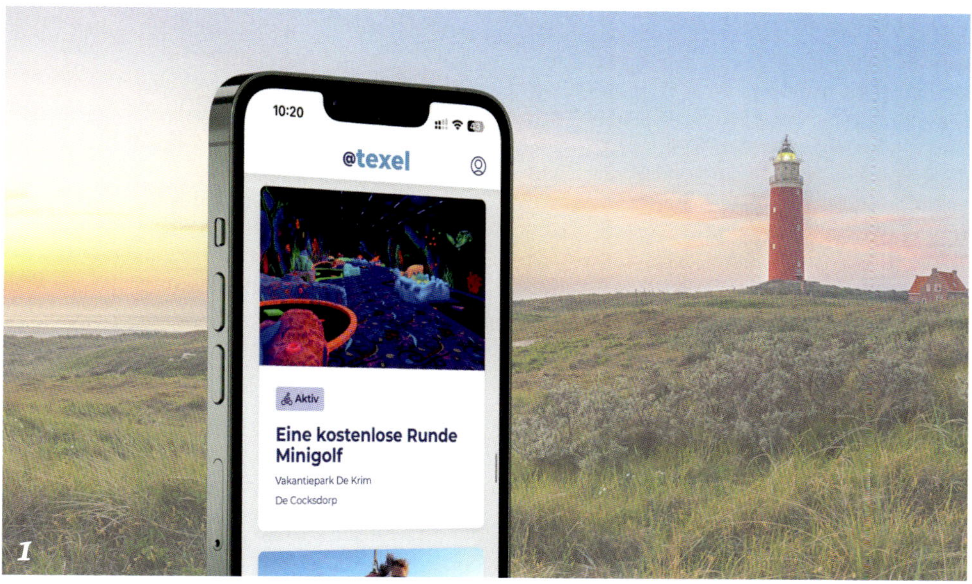


*1*
*Die @texel App bietet Inspiration und Vergünstigungen in einem.*

Top 10

# Was Sie über Texel NICHT wissen müssen

Als interessierter Besucher informiert man sich gerne über besondere Highlights seines Ferienziels. Doch was müssen Sie über Texel eigentlich nicht wissen? Als Antwort auf diese Frage haben wir für Sie eine Übersicht mit zehn unnützen Texel-Fakten zusammengestellt, die Sie nach dem Lesen am besten direkt wieder vergessen.

## Ein Name für alle

Auf niederländisch heißen die Bewohner der Insel „Texelaars". Den gleichen Namen trägt auch die berühmte Schafrasse, die von der Insel stammt. Um Verwechslungen auszuschließen, nennt der menschliche Texelaar sein schafiges Pendant im Inseldialekt deshalb schlicht und einfach „Skéep" (Schaf).

## Der Rest der Welt

Für alles, was nicht Texel ist, haben die Insulaner ein einziges Wort: „Overkant" (gegenüberliegende Seite). Dieses Territorium beginnt am anderen Ende der Fährverbindung in Den Helder und kann nach Belieben ausgedehnt werden. So ist auch ein Nicht-Texelaner schlicht und einfach „Overkanter".

## Karneval im Winter

Am 12. Dezember feiert Texel jedes Jahr den „Ouwe Sunderklaas" (alter Nikolaus). Ähnlich wie beim Karneval ziehen die Inselbewohner dann verkleidet und maskiert durch die Straßen, um auf humoristische Weise Ereignisse aufs Korn zu nehmen, die im Laufe des Jahres auf der Insel für Aufsehen gesorgt haben.

## Die Welt zu Gast

Auch wenn die einfache Rasenpiste dies nicht direkt vermuten lässt: Der Inselflughafen trägt den stolzen Namen „Texel International Airport". Zu Events wie dem Flugzeugkino und Texel Fly-In geben sich hier tatsächlich Flugzeuge aus unterschiedlichen Nationen ein Stelldichein.

texelairport.nl

## Rot-Gelb-Grün

Bei einem Besuch der Insel kommt man mindestens zwei Mal an Texels einziger Ampelanlage vorbei. Sie befindet sich direkt am Fährhafen, um den Verkehr von und zur Fähre zu regulieren.

*1*
*Ein berühmter „Texelaar“*

*2*
*Texels einzige Ampelanlage*

*3*
*Texel International Aiport*

## Mitgeschwommen, mitgefangen

Auf Texel gab es früher Entenfänger, die diese Vögel auf kleinen, im Wald versteckten Gewässern fingen, um sie an Geflügelhändler zu verkaufen. Zum Anlocken nutzten sie als Köder zahme Enten.

## Der „Nabel" von Texel

Am Rand der Straße Burgerdijk, auf Höhe der Kreuzung Westerboersweg, Ongeren und Burgerdijk, befindet sich die exakte Mitte von Texel. Als gut sichtbares Wahrzeichen steht dort ein Felsbrocken, der Texeler Fischern ins Netz ging.

## Immer live

An insgesamt zwanzig Orten kann man sich rund um die Uhr per Webcam live auf Texel zuschalten. Dazu gehören sowohl Leuchtturm und Hafen als auch das Seehundebecken des Ecomare und der Schafstall der Schapenboerderij Texel. Perfekt für Momente, in denen die Sehnsucht wieder einmal besonders groß ist.

---

texel.net/de/texel-tipps/webcams-auf-texel

## „Ja" auf Texel

In punkto Hochzeits-Location gibt es auf Texel nahezu keine Einschränkungen. Denn als einziger Ort in den Niederlanden ist die gesamte Insel zum Heiraten freigegeben. Besonders der Strand steht bei Brautpaaren hoch im Kurs, es kann aber auch ein Ort im Wald, in den Dünen oder auf einer Schafweide sein.

---

trouwen-texel.nl

## Größte Stadt der Niederlande

Wenn man nach der Einwohnerzahl geht, ist Amsterdam mit fast 800.000 Einwohnern die größte Stadt des Landes. Aber in punkto Fläche steht Texel mit 585,96 km$^2$ an der Spitze. Vor über 600 Jahren erhielt das „Lant van Texel" seine Stadtrechte von Graf Willem VI.

*1*
*Auf der ganzen Insel ist heiraten erlaubt*

*2*
*Texel „live" per Webcam*

*3*
*Die „größte Stadt der Niederlande" von oben*

Events und Veranstaltungen

# Der Texel-Jahreskalender

| | | |
|---|---|---|
| 01 | 1. Januar | **Neujahrsschwimmen**<br>verschiedene Strandabschnitte |
| 03 | März | **Halbmarathon De Waal**<br>De Waal |
| 04 | Ostermontag | **Lämmer-Wanderung**<br>ab Den Burg |
| | 30. April | **Freudenfeuer Meierblis**<br>Texel |
| 05 | Mai | **Watt-Vogelfestival**<br>Texel |
| | | **Fly-In Cinema**<br>Flughafen Texel |
| 06 | Juni | **Spezialbier-Festival**<br>Den Burg |
| | | **Wassersportfestival WAVES inkl. Katamaranrennen „Ronde om Texel“**<br>Paal 17 |
| 07 | Juli | **Dance-Festival Sunbeats**<br>Paal 17 |
| | | **Musik-Festival Sompop**<br>De Waal |
| | | **Tag des Schafs**<br>Den Hoorn |

*1*
*Wird am Tag des Schafs gefeiert*

*2*
*Größte Katamaran-Regatta der Welt*

*3*
*Dancefestival SunBeats*

| | | |
|---|---|---|
| 08 | August | **Texel Fly-In**<br>Flughafen Texel |
| | | **Musik-Festival Strenderpop**<br>Oosterend |
| 09 | September | **Texel Halbmarathon**<br>Start ab Fähre |
| | | **Fischräucher-Wettbewerb**<br>Oosterend |
| | | **Texel Culinair**<br>De Koog |
| | | **Tag des offenen Denkmals**<br>Texel |
| 10 | Oktober | **Musik-Festival TexelBlues**<br>Den Burg |
| | | **Nacht der Nacht**<br>Texel |
| | | **Dutch Birding Weekend**<br>Texel |
| 11 | November | **Ankunft Sinterklaas**<br>Oudeschild |
| 12 | 12. Dezember | **Ouwe Sunderklaas**<br>Texel |
| | Dezember | **Weihnachtsmarkt**<br>Oosterend |

*1*
*Internationales Flieger-Treffen Texel Fly-In*

*2*
*Fischräucher-Wettbewerb*

*3*
*Schlemmerfest Texel Culinair*

Stichwortverzeichnis

# Schlagworte


## A

@texel App 236 f.
Ampel 238
Anreise 232 ff.
Atlantikwall 15
Amstelredam (Jacobsweg) 63
Austern 120 ff., 134 f.

## B

Bäckerei 68 f.
Bauernhof 34 f., 58 ff., 112 ff., 124 f.
Beach Food Festival 162 f.
Boerderij Westerheem 171
Boerderijwinkeltje (Hofladen) 203
Brauerei 32 f., 74 f., 136 f., 158 f., 168 f.
Brouwerij Texels 158 f.
Brouwerij TX 136 f., 168 f.

## C

Café 34 f., 44, 54, 68 f., 109, 204 f.
Campingplatz 90, 114, 191

## D

De Bollekamer 22 f.
De Bonte Belevenis 32 f., 76
De Burght (Kirche) 43
De Hors (Naturgebiet) 152 f.
De Cocksdorp 50 f., 108 ff., 112 ff., 116 f., 120 ff., 124 f., 166 f., 182, 188, 203, 204, 210 f., 226 f., 228 f.
De Dennen 30 f., 166 f.
De Hors 91
De Koog 90 ff., 94 ff., 100 f., 166 f., 178, 180, 189, 200, 204, 222 f., 224 f.
De Kroon van Texel (Weingut) 56 f.
De Lepelaar (Destillerie) 26 f.
De Marel (Naturzentrum) 79
De Oude Vismarkt (Fischverkauf) 160 f.
De Slufter 50 f.
De Tesselse Oesterman 120 ff.
De Texelse Visspecialist (Fischverkauf) 160 f.
De Toekomst (Disco) 98
De Waal 78 f., 80 ff., 166 f., 190, 192
De Waddel (Bauernhof) 58 ff., 64 f.
De Wezentuin (Park) 68 f.
Den Burg 30 f., 38 f., 42 ff., 46 ff., 48 f., 52 f., 54 f. 56 f., 58 ff., 66, 68 f., 70 f., 74 f., 76 f., 166 f., 168 f., 177, 178, 202, 204 f., 208 f.
Den Hoorn 14 ff., 18 ff., 24 ff., 26 ff., 32 f., 34 f., 36 f., 54 f., 152 f., 166 f., 168 f., 170, 171, 177, 191
Destillerie 26 ff., 118 f.
Dorpsstraat (De Koog) 90, 94 ff.
Drachenfestival 92
Duinen van Texel 22 f., 91
Dünen 22 f.

## E

Echt Texels Produkt (Kulinarische Radtour) 166 f.
Ecomare (Seehundstation) 224 f.
Eierland 108, 112, 116 f., 124 f.
Eiland Galerij 109
Eis 34, 54, 124 f., 203

## F

Fähre 109, 232
Fisch 20
Flughafen 238
Fonteinsnol (Aussichtsturm) 30

Fort De Schans 145
Freibad 42
Frühstücks-Cafés 204 f.

**G**

Galerie 14, 109
Gin-Destillerie 118 f.
Goënga (Metzgerei) 36 f., 60
Grasssodenwall 64 f., 66 f.
Gute Laune (Kleidung) 98

**H**

Handfähre 54
Het Noorden (Mühle) 130 f.
Hochzeit 240
Hoeve Vrij & Blij (Bauernhof & Campingplatz) 191
Hoeve Nieuw Breda (Bauernhof & Campingplatz) 114
Hofladen 34, 46 ff., 58 ff.
Hoge Berg 58 ff., 64 f., 70 f.

**I**

Ijzeren Kaap (Seezeichen) 131

**J**

Jacobsweg Amstelredam 63
Jahreskalender 242 ff.
Juttersmuseum Flora 222 f.

**K**

Kaap Skill (Maritimes Museum) 220 f.
Kaasboerderij Wezenspyk 46 ff.,
Kaffeerösterei 68 f.
Kartoffeln 112 ff.
Käse-Workshop 171
Käserei 46 ff.
Kees de Waal (Dekogeschäft) 214
Kikkertstraat (De Cocksdorp) 108 ff.
Kirche 15, 43
Knapzaktocht 64 f.
Kochkurs 79, 138 f.
Krabbenfischen 154 ff.
Kräutergarten 43, 138 f.
Kunstroute Klifhanger 14

**L**

Labora (Eisfabrik) 124 f.
Lamm 19, 36 f., 58, 208 f.
Lämmerkuscheln 208 f.
Lämmerradar 212 f.
Lämmerradroute 66 f.
Leuchtturm Vuurtoren 108, 117, 226 f.
Liefer-Picknick 201
Löwenzahnmarmelade 140
Luchtvaart- & Oorlogsmuseum 228 f.

**M**

Maartenskerk 130 f.
Mantje Texel (Kleidung) 98
Markt 43
Metzgerei 36 f.
Miesmuscheln 198
Mosterdmakerij Texel 70 f.,76
Mühle 131
Muscheln 198
Museum 43, 52 f., 78, 216 ff., 220 f., 222 f., 224 f., 226 f., 228 f.
Musik 78 f., 92 f.

## N

Natuur Goed (Naturgarten) 138 ff.
Noordkroon (Hautpflege aus Schafswolle) 214
Novalishoeve 34 f., 54

## O

Oosterend 118 f., 130 ff., 134 f., 136 f., 138 ff., 142 f., 166 f., 168 f.
ÖPNV 234
Oudeschild 144 ff., 148 ff., 154 ff., 158 ff., 160 f., 162 f., 166 f., 168 f., 204, 220 f.
Oudheidkamer (Museum) 43
Overkanter (Nicht-Texelaner) 238

## P

Parken 233
Pastorie De Waal 79. 80 ff., 192
Pferdeeppich 70 f.
Planwagenfahrt 50

## Q

Queller 50

## R

Radfahren 30 f., 66 f., 116, 145, 166 f., 234
Räucherfisch 142 f.
Reiten 92
Restaurant 14, 16, 18 ff., 24 f., 44, 79, 96, 110, 132, 134 f., 146, 160, 174 ff., 188 ff., 198 ff.
Rezepte 72 f., 84 f., 102 f., 140
Rind 22, 24 f.
Robbenbeobachtung 154 ff.

## S

Schaf 52 f., 54 f., 58 ff., 206 ff., 238
Schapenboerderij Texel (Schafbauernhof) 208 f.
Schapenmuseum 52 f., 54
Schafswurst 62
Schokolade 76 f.
Seehundstation Ecomare 224 f.
Senfmanufaktur 70 f., 72 f.
Shopping 98
Skéép en Lantskap (Wanderung) 54 f.
Slagerij Goënga 36 f., 60
Smakelijk & Meer (Feinkost) 123
Sompop (Musikfestival) 78 f.
Stokerij TX (Destillerie) 118 f.
Strandflieder 48, 50
Strandgutmuseum 222 f.
Strandhaus 24 f.,
Strandpavillon 24 f, 91, 172 ff.
Strandschnecken 20
Strandreiten 92
Strandsode 50 f.
Street Food Festival 162 f.
Strender Visrook Wedstrijd (Fischräucherwettbewerb) 142 f.
Supermarkt 36 f.
Surfschool Foamball 91

## T

Tesselaar 74 f.
texel App 236 f.
Texel Culinair 100 f.
Texel International Airport 238
Texelana (Schafswoll-Pantoffeln) 214
Texelhopper (ÖPNV) 234
Texelse Bierbrouwerij 168 f.
Texelse Branding 68 f., 76, 205
Texelse Chocolaterie 76 f.
Texelsvilt (Schafswoll-Filzprodukte) 214

## U

Unnützes Texelwissen 238
Unterkünfte 188 ff., 193

*1*
*Am Straßenrand gibt es vielerorts lokale Produkte zu kaufen.*


**V**

Vllieland-Fähre 109
Voedselbos (Selbstpflückgarten) 148 f.
Vogelinformationszentrum 109
Vuurtoren (Leuchtturm) 108, 117, 226 f.
VVV Texel 42, 66, 116, 193, 214, 234, 236 f.

**W**

Waalenburg (Polder) 78 f.
WadZilt 170 f.
Waelstee (Bauernmuseum) 78 f.
Walfängerhaus 15
Wandern 22, 30, 50, 54 f., 64 f., 145, 152 f.
Wasserspielplatz 108
WAVES Festival 92
Webcam 240
Wein 20, 56 f., 199
Weingut 56 f.
Wezenputten 145
Wezenspyk (Käserei) 46 ff., 54
Whisky 26 ff.
Wijngaard De Kroon van Texel 56 f.
Witte kerkje 15, 63
Wochenmarkt 43
Woolness (Schafswolle-Bad) 188, 210 f.

**Y**

Yoga 91

**Z**

Zilt & Zo Lifestyle (Wohn-Accessoires) 98

Stichwortverzeichnis

# Restaurants, Cafés und mehr …


**B**

Bakker Timmer (Café) 204 f.
Bij Jef (Hotel & Restaurant) 16, 18 f., 36, 62
Boerderijwinkeltje (Hofladen) 203
Bospaviljoen 't Turfveld (Restaurant) 202
Bosq (Restaurant) 16
Brouwerij Texels 158 f.
Brouwerij TX 136 f., 168 f.
Boutique Hotel Texel (Hotel & Restaurant) 188, 210 f.

**C**

Café de Slock 44
Café de Swaan 169
Carakter (Brasserie) 92
Catharinahoeve (Restaurant) 44
Coffee & More Texel (Café) 204 f.

**D**

De Aanleg (Restaurant) 110
De Bank (Restaurant) 16
De Compagnie (Restaurant) 146
De Jutter (Kneipe) 98
De Kombuis (Restaurant) 146
De Kroon van Texel (Weingut) 56 f.
De Lepelaar (Destillerie) 26 f.
De Smulpot (Hotel, Café & Restaurant) 190, 204 f.
De Toegift (Restaurant) 16

**E**

Eetcafé de Rog (Restaurant) 110

**F**

Floris (Restaurant) 132
Frühstücks-Cafés 204 f.

**G**

Grand Hotel Opduin (Hotel & Restaurant) 189

**H**

Het Schoutenhuys (Restaurant) 44
Het Cafeetje (Brasserie) 132

**K**

Klif23 (Restaurant) 16

**L**

Lokaal 16 (Café) 204

**N**

Noordzee (Hotel, Café & Restaurant) 200

**O**

Op Oost (Hotel & Restaurant) 134
Oudeland Texel (Restaurant) 96

**P**

Paal 9 (Strandpavillon) 24 f., 177
Paal 12 (Strandpavillon) 177
Paal 15 (Strandpavillon) 178
Paal 17 (Strandpavillon) 178
Paal 19 (Strandpavillon) 91, 178
Paal 19,5 (Strandpavillon) 178
Paal 20 (Strandpavillon) 180
Paal 21 (Strandpavillon) 180

Paal 28 (Strandpavillon) 182
Paal 31 (Strandpavillon) 182
Paal 33 (Strandpavillon) 182
Pastorie De Waal
(B&B & Kochatelier) 79. 80 ff., 192
Pollo de Koog (Restaurant) 96, 102 f.
Proeflokaal Onder de Pomp (Kneipe) 98

Q
Quelderhuys (Café) 110
Quinty's (Brasserie) 96

R
Rebecca (Hotel) 79, 190
RJ (Restaurant) 110

S
Sjans Texel (Restaurant) 96
Smakelijk & Meer (Feinkost) 123
Stokerij TX (Destillerie) 118 f.
Strends End (Café & Restaurant) 132

T
't Hanenhuus (Restaurant) 110, 199
't Kerckeplein (Bistro) 132
't Pakhuus (Restaurant) 146, 198
Taveerne de Twaalf Balcken
(Restaurant & Kneipe) 44
Texelse Boerderijwinkel (Hofladen) 191
Texelse Branding (Café) 68 f., 76, 205
Texelse Chocolaterie 76 f.
The Juice Car (Café) 204

V
Vispaleis & Rokerij Van der Star
(Fischrestaurant) 160 f.

W
Witlof Foodbaar (Restaurant) 44

*1*
*Auch am Meer gibt es auf Texel viele Genuss-Orte.*

## Stichwortverzeichnis

# Personen

**B**
Bakker, Jan-Willem 58 ff., 63
Bakker, Manuela 171
Boersen, Jacco 148 ff., 152 f.

**D**
De Cock, Nicolas 108, 116
Derks, Nico 136 f.
Diks, Maurice & Helma 74 f.

**E**
Edelmann, Kerstin 109
Elzen, Anet van den 80 ff.

**F**
Feenstra, Heiko und Ilona 24

**G**
Groenewoud, Kees & Inge 118 f.

**H**
Hiemstra, Anita 199
Hin, Esmay 76 f.
Hoekstra, Vincent 102 f.
Holleman, Wessel 80 ff.
Hopmans, Nancy 190

**J**
Jager, René 24 f.
Jongeneel, Valerie 134 f.

**K**
Kalusche, Anton 190
Kroon, Jan-Jaap 56 f.

**L**
Langeveld, Arnold, Annemiek, Peter & Marianne 112 ff.

**M**
Mögling, Nadine 18 ff., 22 f.
Mosk, Robin 188

**R**
Reus, Conradine & Siem de 138 ff.
Rodenburg, Piet & Anneke 124 f.

**S**
Sambeek, Melvin & Leon van 190
Schoots, Joscha 26 ff.
Schuur, Jef 18 ff., 22 f.
Smet, Liam de 46 ff.
Spek, Jaco 118 f.

**T**
Timmerman, Joram 134 f.

**V**
Vries, Christof & Mike de 70 f.

**W**
Welboren, Niek 109
Witte, Job 46 ff., 50 f.
Witte, Lennart 208 f.

**Z**
Zeeman, Martin 120 ff.

1
Die Einwohner von Texel lieben die Natur ihrer Insel.

*1*
*An vielen Stellen der Insel stößt man auf die Spuren alter Traditionen.*

## Bildnachweis

Alle Bilder von Tanja Neumann, außer (Seitenangabe und Nummer des Bildes): 2018 Erik Polderman S. 91 (3); Adobe / emmi S. 147; Adobe / FotoStuss S. 86 / 87; Adobe / goami S. 95; Adobe / Haico, Cover (unten); Adobe / Ivonne Wierink S. 126 / 127; Adobe / kranidi S. 71 (1); Adobe / mathiasrehm S. 172 / 173; Adobe / NikahGeh S. 201; Adobe / Olga S. 164/165; Adobe / Sander Meertins S. 38 / 39; Adobe / TasfotoNL S. 104 / 105; Adobe / yarohork S. 198; Anet van den Elzen S. 81 (1), 192 (1, 2); Anneloes Hagen/Texelana S. 215 (2); Club 17, (3); Cor Trap S. 143 (1), 245 (2); De Texelse Courant S. 77 (2); Duncan Whyte / VVV Texel S. 79 (3); Foto Fytis S. 28 (1); Gabriele Wilms S. 64 (1), 67 (2), 137 (1), 167 (1), 235 (3); Gertha Wessels S. 169 (1); Grand Hotel Opduin Texel S. 189 (1, 2); Hoeve Vrij & Blij S. 191 (3, 4); Jan-Willem Bakker / De Waddel S. 62 (1); Justin Sinner S. 71 (1, 2), 73 (1); Jutta M. Ingala S. 135 (1, 2); Kaasboerderij Wezenspyk S. 7, 47 (1); Katja Philippart S. 143 (2); Kirsten Rick S. 109 (4); Landgoed De Bonte Belevenis S. 30 (1); Leonie Hoever S. 23 (1, 2), 31 (1), 145 (3); Liselotte Schoo, Cover (o. li), S. 163 (1), 205 (2); LOMT S. 229 (1, 2, 3); Marjolein Abee S. 115 (3) + S. 211 (1, 2, 3); Noordkroon S. 215 (1); Pieter de Vries / VVV Texel S. 51 (2); Rebecca Geskus / Texelsvilt S. 215 (4); Remko Kraaijeveld S. 17 (1), 19 (1), 21 (1, 2); Rene Pop S. 7 (1), 27 (1), 29 (1); Robin Waerts Fotografie S. 101 (1, 2, 3), 245 (3); Roeltje van de Sande Bakhuyzen S. 184/185; Roos Bakker/Novalishoeve S. 35 (1, 2); Round Texel / VVV Texel S. 243 (2); Screenshot Webcam / VVV Texel S. 241 (2); Stefan Krofft S. 190 (1, 2); Stichting 't Walvisvaarders Huisje S. 14 (1); stockfiles.nl S. 90 (1), 94 (1); SunBeats / Emiel Hornman S. 93 (1), 243 (3); Tesselaar Familiebrouwerij Diks S. 75 (1); Texelhopper S. 235 (1, 2); Texelse Bierbrouwerij S. 158 (1, 2), 169 (1); Trouwentexel S. 241 (1); VVV Texel S. 193 (1), 237 (1); Wessel Holleman S. 82 (2), 83 (1, 2), 84 (1)

## Sicherheitshinweis

Wir möchten Sie darauf aufmerksam machen, dass bei der Nutzung dieses Reiseführers bestimmte Risiken bestehen können, die im Zusammenhang mit den beschriebenen Aktivitäten und Attraktionen stehen. Bitte beachten Sie daher die folgenden Hinweise:

- **Umgang mit diesem Buch:** Beim Blättern können scharfkantige Papierbögen kleine Schnittverletzungen verursachen. Seien Swie vorsichtig.
- **Outdoor-Aktivitäten:** Wanderungen und Radtouren bergen Sturz- und Unfallgefahren. Prüfen Sie vor Ihrem Aufbruch den aktuellen Wetterbericht, da Wege bei Nässe schnell rutschig werden können.
- **Attraktionen und Sehenswürdigkeiten:** Befolgen Sie stets die Sicherheits- und Warnhinweise sowie Anweisungen der Betreiber vor Ort, um Gefahren zu vermeiden.
- **Aktualität der Informationen:** Die Angaben in diesem Buch wurden sorgfältig zusammengestellt, können jedoch Änderungen unterliegen. Überprüfen Sie Öffnungszeiten, Routenbeschreibungen und andere relevante Informationen vorab.
- **Unzureichende Vorbereitung:** Die Beschreibungen im Reiseführer dienen als Grundlage, ersetzen aber nicht eine gründliche Vorbereitung. Informieren Sie sich zusätzlich zu Schwierigkeitsgraden, Routen und notwendiger Ausrüstung.
- **Umwelt- und Tierschutz:** Nehmen Sie Rücksicht auf die Natur und vermeiden Sie Verhaltensweisen, die Flora und Fauna schädigen könnten. Begegnungen mit Wildtieren können potenziell gefährlich sein.
- **Überfüllung und Infrastruktur:** Beliebte Attraktionen können stark frequentiert sein, was Gedränge und Einschränkungen bei Sicherheitsmaßnahmen mit sich bringen kann. Planen Sie entsprechend.
- **Eigenverantwortung bei Empfehlungen:** Die im Buch enthaltenen Tipps und Empfehlungen garantieren keine absolute Sicherheit oder Eignung. Prüfen Sie vor Ort die Bedingungen und entscheiden Sie nach eigener Einschätzung.

Sollten Sie darüber hinaus potenzielle Gefahren feststellen, Beschwerden zur Produktsicherheit haben oder sollte es zu Unfällen oder Verletzungen in Zusammenhang mit unseren Produkten kommen, nehmen Sie bitte Kontakt mit uns auf.

**Ansprechperson:**
Andreas Walter, Tel.: +49 (0)2104 5063-104
E-Mail: produktsicherheit@360grad-medien.de